春秋可以这么读

小霸不过三

韩佐昌 著

SPM 南方传媒 | 花城出版社

中国·广州

图书在版编目（CIP）数据

春秋可以这么读：小霸不过三 / 韩佐昌著. -- 广州：花城出版社，2022.5（2022.7重印）
ISBN 978-7-5360-9574-8

Ⅰ. ①春… Ⅱ. ①韩… Ⅲ. ①中国历史－春秋时代－通俗读物 Ⅳ. ①K225.09

中国版本图书馆CIP数据核字(2022)第066050号

出 版 人：张 懿
责任编辑：王铮锴
技术编辑：凌春梅
封面设计：四月十线视觉传达
插　　画：卡森工作室

书　　名	春秋可以这么读：小霸不过三
	CHUNQIU KEYI ZHEME DU：XIAOBA BUGUO SAN
出版发行	花城出版社
	（广州市环市东路水荫路11号）
经　　销	全国新华书店
印　　刷	佛山市浩文彩色印刷有限公司
	（广东省佛山市南海区狮山科技工业园A区）
开　　本	880毫米×1230毫米 32开
印　　张	11.5　1插页
字　　数	211,000字
版　　次	2022年5月第1版 2022年7月第2次印刷
定　　价	49.80元

如发现印装质量问题，请直接与印刷厂联系调换。
购书热线：020-37604658　37602954
花城出版社网站：http://www.fcph.com.cn

目 录

第一章 先从一个牛人说起 /001

1. 殷商"教父" /002
2. 出来混必须有个姓 /005
3. 陪嫁的宰相 /008
4. 吃货宰相 /011
5. 穿越版的007 /013
6. 汤武革命 /016
7. 名垂历史 /019

第二章 一段不得不说的历史 /023

1. 黄金搭档 /024
2. 殷商遗风 /029
3. 箕子曲线救国 /033

第三章 女人惹的祸 /037

1. 阴阳不调 /038
2. 桓公寄孥 /044
3. 关键时候要拼爹 /046
4. 引狼入室 /049
5. 平王西迁 /051

第四章　二王并立 /053

1. 我们有了一个名字叫中国 /054
2. 秦人位列诸侯 /059
3. 二王并立 /063
4. 周室衰微 /068

第五章　郑武中兴 /071

1. 史上最成功的隔壁老王 /072
2. 春秋版的经济特区 /076
3. 绝命苦肉计 /080

第六章　手足相残 /083

1. 处心积虑 /084
2. 多行不义必自毙 /087
3. 黄泉会母 /093

第七章　庄公小霸 /097

1. 周桓王的第一把火 /098
2. 东门之役 /101
3. 死有余辜 /103
4. 制北之战 /108

第八章　假命伐宋 /113

1. 入郛之役 /114
2. 长葛之围 /116

3. 衹换许田 /121
4. 春秋又一小霸 /126
5. 宋国被群殴 /131

第九章　天下诸侯　莫非郑党 /135

1. 顺手牵羊 /136
2. 二士争车 /139
3. 暗箭伤人 /144
4. 鲁隐公的悲剧 /149
5. 幸福来得太突然 /152

第十章　繻葛之战 /157

1. 外强中干 /158
2. 周郑交恶 /160
3. 周郑易田 /162
4. 乌合之众 /166
5. 春秋第一战 /169

第十一章　曲沃伐翼 /175

1. 桐叶封弟 /176
2. 名字惹的祸 /179
3. 曲沃伐翼第一战 /183
4. 曲沃伐翼第二战 /186
5. 曲沃伐翼第三战 /188
6. 曲沃伐翼第四战 /195
7. 曲沃代翼 /200

第十二章　楚武称王 /203

1. 人小心大 /204
2. 楚与周天子恩怨已久 /207
3. 楚武称王 /212
4. 小道大淫 /218
5. 敬酒不吃，等吃罚酒 /222
6. 蒲骚之役 /226
7. 城下之盟 /232
8. 屈瑕成仁 /236

第十三章　姊妹祸国 /245

1. 新台之丑 /246
2. 齐大非偶 /254
3. 蝴蝶效应 /262
4. 兄弟四人斗地主 /269
5. 人尽皆夫 /277

第十四章　春秋第一恶霸 /285

1. 一场情杀 /286
2. 首止会师大会 /297
3. 此时的周天子 /302
4. 纪侯大去其国 /308
5. 德不配位 /313

6. 瓜代有期 /318

7. 姜小白出道 /325

第十五章　此时的秦国 /331

1. 圈外人士 /332

2. 挺进关中 /337

3. 窝里斗 /345

4. 华夏第一县 /351

第一章

先从一个牛人说起

1. 殷商"教父"

先从一个牛人说起。

伊尹,生于夏末商初,原名伊挚,昵称阿衡,出身奴隶,中国历史上首位宰相,辅佐五代君王,被尊为殷商圣元,身兼伊姓和尹姓两大始祖。

圣元就是教父。

伊尹之所以牛,牛在他不只是殷商教父,他还被诸子百家共推为多门派教宗:中华厨祖、中药鼻祖、华夏兵祖、黄老道祖、孔孟儒圣、养生专家,这些也只是个兼职,这位牛人的专职是帝王之师、五朝宰相,而且是宰相祖师爷。

一直以来,对于中华文明溯源持有两种观点:一是源于春秋,二是起于殷商。无知者无畏,窃以为,春秋是繁荣,诸子百家开花结果,殷商是萌芽,伊尹就是代言人。

伊尹孩童时期可谓根正苗红。古时候的根正苗红不是现在的红二代、官二代、富二代,虽然都是拼爹,但古时候的根正苗红拼的是谁没爹。爹是谁?呵呵,只能是神仙。

所以古时候的根正苗红,就是神二代、仙二代。这种情况中国历史上见怪不怪,轩辕黄帝、人文始祖伏羲、农耕始祖后稷等多位大咖级人物都是神仙托梦怀胎，更神的是殷商始祖契（Xiè），据《史记》记载：契是母亲简狄吞了鸟蛋怀孕所生，这才叫真正意义上的根正苗红。

伊尹也是神仙托梦，老娘怀胎，灵光乍现，降生于古时候称为有莘国的地方。

有莘国，因为没达到诸侯方国的影响地位，所以古称有莘氏，姒姓之国，姒姓为黄帝赐姓，号称拥有贵族血统。中国人所熟知的大禹就是有莘女所生，而且史书明确记载大禹亲爹是人类，就是黄帝之孙治水英雄鲧（Gǔn），大禹之子启开创了夏朝，有莘国就是夏朝的姥姥家。古人比现代人更加重视血统嫡传，因此有莘国在夏朝混得比较好。

有莘国有两件事情值得笑傲历史：一是出了一个牛人伊尹，另一个是盛产贤淑美女，上有大禹之母，下有商汤之妻。当年周文王被殷纣王羁押下狱，周人特意前往有莘国精挑细选各色美女贿赂纣王，纣王大喜，放回周文王。

至于有莘国位于何处，历史上有东莘国和西莘国之说。鉴于伊尹在历史上的崇高地位，今天的陕西合阳和山东曹县都在竞争上岗，双方都有一系列村落地名、人文传说来配套支持自己曾是有莘古国，也都发现了古有莘国遗址，也都有伊尹庙祠从古传承至今，并双双把"莘国故地，伊尹故里"的金字招牌大张旗鼓地写入各自县志。合阳据此开发兴建一处AAAA级景区——莘国水城。因此,陕西合阳被称为西莘国,山东曹县被称为东莘国。

伊尹孩童时期就聪颖好学,又深悟三皇五帝之道,成为莘国学霸,而且会烧一手好菜,也是远近闻名的厨霸。那是一个吃货盛行的年代,厨霸备受欢迎,并且这位牛人能把烹调烧菜和治国安邦之道揉捏在一起,据说老子《道德经》中的"治大国如烹小鲜"就出于此。于是凭借学霸和厨霸这两手都要抓、两手都要硬的才艺,伊尹被受聘为贵族的家庭教师,粉丝众多。

孩子没有爹是生不出来的,这是个常识,所以可以推测伊尹是个私生子。世事很奇怪,私生子往往聪明上进,学有所成,后来有人总结,私生子一般都有两个优势:首先是多数私生子都是为情所生,干柴烈火,激情燃烧,能有激情的男女最起码是身强气盛,优生优育的最佳时期,所以私生子首先在遗传上有点小优势;其次,私生子因为是私生,没爹当自强,不求生父相认,但求大家认同,于是要用行动证明:我很行。所以私生子还具有奋斗优势。古今中外私生子成名的案例比比皆是:卫青、霍去病、伊丽莎白一世、君士坦丁大帝、达·芬奇,这些都是私生子的杰出代表。

2. 出来混必须有个姓

再讲一下伊尹的姓氏，据史记载，伊尹母亲居住在黄河支流的伊水河畔，所以就跟随这条母亲河姓伊。古代只有特别牛的人物，才能因为依水而居，以水为姓。《国语》记载黄帝住姬水之滨，以姬为姓；炎帝居姜水之旁，以姜为姓。一般的小民，你要是没个好爹，你姓什么都没资格。

古时候姓是身份的象征，而且姓还是个稀缺资源。

传说黄帝姓姬，或姓轩辕和有熊，姬姓源远流长，亦因为黄帝依姬水而居。据考证，姬水就是现在的陕西咸阳武功县漆水河，"姬"和"漆"在上古时代应该同音或近音，在陕西方言里读音更近，因此陕西武功不但是秦腔的发源地、农耕始祖后稷教民稼穑之地，还是黄帝故里。黄帝以大禹治水有功，赐姓为姒，此外，部落首领之子亦可得姓。黄帝有二十五子，得姓者十四人，为姬、酉、祁、己、滕、任、荀、箴、僖、姞、儇、依十二姓，其中有四人分属二姓。

也就是说，在那个时期姓就是个头衔，而且头衔数量还有限。

在现如今，姓就是爹，在春秋之前姓可以是爹，也可以不是爹，姓也不是生活必需品，甚至连吃瓜群众介绍自己时都不习惯带姓，所以先秦史书中，大多数表述只有名没有姓，姓氏单列，好多姓氏是后人考证出来的，更别扭的是亲爹和儿子同时在书中出现，名字中看不出任何父子关系。

但如果是有名有姓的人，就肯定是个牛人。

在那个时候，女人在家可以没有姓；男人种田，没有姓也能将就。但你要出来社会混的，那就必须得有个姓，姓什么无所谓。如果没有姓，那就不是个体面人，这跟现在对姓的理解完全不一样。

三皇五帝封赏手下，那时候还没有出现加官晋爵的制度，除了封地，就是赐姓，相当于加官晋爵，类似今天的干部级别，也算是三皇五帝管理干部、鼓励群众进步的一种手段。这和同时代古印度的种姓制度完全不同：印度的种姓制度是雅利安人为统治印度而设立的血统贵贱识别制度，在中国那个时代，获得赐姓那绝对是件光宗耀祖、敲锣打鼓的大好事；在印度，你要一不小心给赐了个贱姓，那可就倒了八辈子的霉，并且子子孙孙都得倒霉。

日本姓氏也跟着中国学，但慢了三千多年，直到明治维新之前，绝大多数的日本人都没有姓氏，只有出来社会混的有头有脸的武士、巨商、权贵才配名字之前有个姓。明治维新出台户籍法，日本国民都可以并且必须配有姓氏，于是全国掀起了寻姓热潮，民众慌不择"姓"，随手抓来，以至于日本姓氏五花八门，想到看到的都可以作为姓氏，搞到日本姓氏全球别具一格，达到十几万个。现如今姓氏一旦普及就不值钱了，没有姓的反倒是牛人：日本天皇，天皇没有姓氏，日本只此一人。

在中国那个年代，姓是个稀缺资源。到夏、商、周时期，流传下来的、可供考证的也就八大古姓：姬、姜、姒、嬴、妘、妫、姚、姞。

为了要让更多人民群众享受赐姓，沐浴浩荡皇恩，于是，智慧的华夏人民创造了"姓"的衍生物种：氏。氏是姓的扩大传承化。比如秦始皇，名政，嬴姓赵氏；姜子牙，名尚，姜姓吕氏。通过这种发明创造，使更多的人享受到了名字前面冠以姓氏的这种雅称，随着日久传承、历史发展，姓和氏合二为一，逐渐演变成为今天的百家姓。

读春秋，最大的感触就是，春秋或之前只要出现的名字或者称谓，第一个字都几乎成为中华姓氏，此人即是此姓鼻祖。伊尹也不例外，但更加一等，身兼中华伊姓和尹姓双重鼻祖。

所以，中国人，读春秋，认先祖。

出来混的必须有个姓。伊尹就是这种人，不但有名有姓，而且是神赐命、地赐姓、王赐名，绝对的根正苗红，放在当今社会，你要是没有一个超级营销团队，根本包装不出这样一位超级巨星。

3. 陪嫁的宰相

孟子曰:"伊尹耕于有莘之野,而乐于尧舜之道焉。"当时的商国君主商汤慕名伊尹,亲自前往,传说往返三次,重金相聘。结果有莘国君觉得伊尹是个宝,奇货可居,硬是不答应,最后谈判协商:买一送一,商汤迎娶有莘国君的女儿,伊尹随嫁,作为奴隶,算个添头。

这种求贤若渴的方式后来被春秋时代学习套用,秦穆公聘用百里奚完全就是重温这段历史。

商汤,子姓成氏,名汤,以氏为近,应该称作成汤。有莘公主嫁商汤,属于上上嫁,相当于嫁入豪门。商国在所有方国中,属于大哥级的方伯之国,方伯之国意指一方诸侯之长,而且是绝对的富豪大款哥,大款到当时的夏朝王室都时不时敲一竹杠,主要因为商国国民除了家里有庄稼,外边还有生意。

那时候国民是中产阶级,再往上就是贵族可以当官,下面是奴隶,等同于工具。只有国民才有资格当兵打仗,奴隶随军只能磨刀扛枪兼做饭。

商民族属于外来户,起源于中国东北,和三千多年前的北方文明古国——孤竹国同宗同源,几经迁徙,最终在今天的河南商丘定居。商丘古称亳，春秋时期商丘成为宋国国都，宋国开国君主宋微子是成汤后裔，继承的是殷商祭祀。最终商丘成为中国圣人文化圈的核心，以商丘为圆心，200公里以内，孕育出了孔子、老子、墨子、庄子、孟子、韩非子、列子、惠子、吴起、商鞅等华夏文明大咖，中国的儒家、道家、墨家、法家、兵家学派应运而生。

所以，不能不说，商民族迁入中原，敲开了中华民族的文明之窗。

商国是华夏商业文明发祥地，农闲时间，商国国民赶着牛车游走四方做生意，那风头绝不亚于现在开着奔驰投资洽谈。这得感谢商国的前辈君主中出了一个华商始祖：王亥，王姓始祖。此人最大的贡献就是驯服牛马，发明牛车，在当时的意义绝不亚于工业革命中蒸汽机的发明和铁路的诞生，可以想象牛马拉车代替了人推车，效率倍增，所以说科技就是生产力。

因为商国人牵牛驾车、威风八面地做生意，所以就把做生意的人称为商人，把这个行业称作商业，在这个行业中流通的物品称为商品。

伊尹随嫁商汤时已经年过四十，君王商汤并非只满足于美色加美食，而是立即起用陪嫁奴隶伊尹作为自己的家庭教师，学习治国王道。也是这时候伊尹的称呼才正式形成，这和现在差不多，比如你原名张三，但你是总经理，周围人恭称你为张总,你如果官至局长,那周围的人就恭称你为张局。"尹"是官名,是商汤为自己的这位家庭教师特设的官职,"尹"字包含"正"和"治"双层意思,看来为官的本意就是要清正廉洁和高效治理,伊挚本人也从此开始以伊尹自居,并留名千古。

也是从此之后,"尹"作为官职流传下来,比如后来的"令尹""府尹",都是地方长官。

4. 吃货宰相

《孟子》中有"食色，性也"。特别在古代，大家活得简单、想得单纯，人生两大享受：白天吃，晚上睡。商汤虽然贵为君王，也是如此，唯一不同于老百姓的是，商汤不缺吃饱，只缺吃好。

吃货宰相

伊尹是远近闻名的厨霸，手艺好，理论高，虽然当时造不出锅，也榨不出油，不可能煎炒烹炸，唯一方式就是煮。但伊尹天生聪颖，悟出"夫三群之虫，水居者腥，肉玃者臊，草食者膻。臭恶犹美，皆有所以"。这说明伊尹熟悉食味，且注重选材。其次伊尹烹煮，重在火候，"五味三材，九沸九变，火为之纪，时疾时徐。灭腥去臊除膻，必以其胜，无失其理"。最后强调五味烹调，"故久而不弊，熟而不烂，甘而不哝，酸而不酷，咸而不减，辛而不烈，淡而不薄，肥而不腻"。

伊尹的烹煮理论时至今日也在指导厨房烧菜工作，这是人类历史上最早出现的烹调理论，就凭这一点，伊尹堪当人类厨祖，尊称中华厨祖算是谦虚了。

伊尹寓教于吃相当于现在的寓教于玩，这样的家庭教师谁不喜欢？商汤在美吃好喝中学业有成，霸业并举，这比聆听孔子的圣贤教化，六德、六行、六艺修身，更接地气，更抓人心。

这好比我上中学时，一上政治课就头痛，宁可去菜地里摘黄瓜，后来我就想：如果能一边摘黄瓜一边上课那才叫个爽。

伊尹就这样，商汤所需就是伊尹所想，哪个东家都不拒绝美味佳肴，哪个东家都喜欢有人帮自己治国平天下。伊尹从一介煮夫摇身一变，成为商汤国相，也算是从奴隶到将军的历史第一人。

5. 穿越版的007

伟大人物的悲哀就是没遇上伟大事件的发生。牛人要碰不上牛事，就成假牛了，伊尹命好，牛事连连。

伊尹的东家商汤野心很大，就是要干掉老大当老大，取代夏的末代君主桀（Jié），对于伊尹来说，要证明自己，就要帮助商汤实现他的伟大抱负。

这个夏桀是个什么角色呢？史称文武双全，但荒淫残暴，和殷纣王、周幽王、周厉王被墨子并称为四大暴君。夏桀姓姒名履癸，桀是后人给他封的恶谥，意曰凶暴、残暴。

夏桀如何文武双全，记载甚少，不过桀纣并称，从纣王的记载中可以略微想象一下桀的情况。司马迁在《史记》中不惜笔墨："帝纣资辨捷疾，闻见甚敏；材力过人，手格猛兽；知足以距谏，言足以饰非。"司马迁前褒后贬，纣王天资聪颖、才思敏捷、记忆超群、力大如牛、徒手斗兽，简直就是智慧和力量的结晶，亚里士多德和斯巴达克斯的结合体。这还不算，这哥们还智多识广，机巧善辩，大臣进谏竟然辩不过他，对自己的恶行恶举巧言令色，能颠倒黑白，还能文过饰非。

在当今，这绝对是个人才，无论脱口秀，还是达人秀，干啥都能红。

对于夏桀的文武双全，可以参考殷纣王，这哥俩是一路货色。

大多数继位帝王都是文武双全，大多数开国皇帝都有点先天不足、才色干瘪。因为几乎所有的开国皇帝都没有继位太子生活优越，好吃、好穿、好教育，高富帅中的高富帅。

但是，关键要看其所作所为。

当然，夏桀在世之时只知道自己姓姒名履癸，谥号是后人根据君王在位时的功德业绩作为追封的，说白了就是盖棺定论，朝鲜、日本、越南都是如此。谥号有美谥、平谥、恶谥三种，比如桀、纣、幽、厉都是恶谥：桀和纣意为暴虐多杀，幽意为壅遏不通，厉意为滥杀无辜。所以只要看一看古代皇帝的谥号，就基本知道他在位时表现如何，比如汉武帝，谥号"武"的解释："刚强直理曰武。威强敌德曰武。克定祸乱曰武。刑民克服曰武。夸志多穷曰武。"单从谥号就能看出这位仁兄肯定多征善战、开疆拓土、治国平天下。中国最后一位获封谥号的是国学大师王国维，是末代皇帝溥仪册封的。

这位夏桀大帝留下的典故比较多，比如"酒池肉林""时日曷丧""妹（mò）喜灭夏"。"酒池肉林"未必真实，但被后人联系到夏桀的头上，足以证明他是多么荒淫无度，"妹喜灭夏"就和伊尹有关。

妹喜是位绝代佳人，是夏桀征服南方小国有施国的战利品，深得夏桀宠爱。不知道这位妹喜佳人是被小三踹门而失宠，还是爱慕伊尹的才华，或是嘴馋伊尹的菜肴，竟然给伊尹做起了小三，总之，她和伊尹勾搭起来了。

我个人认为妹喜被小三踹门的说法比较靠谱，据史记载，夏桀确实收编了两位美女，一个是琰、一个是琬。后来夏桀兵败之后和妹喜一起被流放而终，可见妹喜并没有和伊尹相厮相守，伊尹属于草船借箭，最后箭归其人。

这件事，伊尹做得不厚道。

政治人物，如果忠奸各半，那属于政治达人；如果奸大于忠，那属于政治名人；如果忠大于奸，那就属于政治明星。伊尹是政治教父，失小德，成大道，正所谓大道藏奸。

伊尹被后世兵家推崇到兵祖的高度，厉害之处在于其第一次提出用兵要诀："上智为间"和"审时度势"。虽然伊尹提出的这两个用兵要诀简单朴素，但在那个吃着火锅唱着歌的年代，第一次将智谋引入到打仗中，实属革命性突破，即使在今天，"上智为间"和"审时度势"依然指导着现代战争。

妹喜是伊尹践行他"上智为间"的一枚棋子，伊尹勾搭妹喜的主要目的是为了发展间谍搞情报，可惜史书上对于这两个人的实操过程没有太多的记载，只是简单的四个字：比而亡夏。

6. 汤武革命

商汤这边也没闲着,在右相伊尹、左相仲虺(huǐ)的辅助下陆续灭掉邻近的葛国(今河南宁陵)以及夏朝的方国韦(今河南滑县,即后来大彭)、顾(今河南范县)、昆吾(今河南许昌)等国,以十一战全胜的战绩成为仅次于夏桀的诸侯强国。

仲虺在他的《仲虺之诰》中是这样拍老板的马屁的:"乃葛伯仇饷,初征自葛,东征,西夷怨;南征,北狄怨,曰:'奚独后予?'"

大概意思是:葛国大王与自己的衣食父母为仇,我们商汤大王就从葛国开始征战,然后呢,向东边打,西边的人就埋怨,向南边打,北边的人就埋怨,说什么:"商汤大王为什么要把我们放在后边才打呢?"各地人民求战心切!

这算是为民请战,还是中国史书记载的第一次郑重其事地拿民愿说事来打仗的。

夏桀和商汤比,还是瘦死的骆驼比马大,原因是大多数的诸侯国名义上还认这个干爹。

伊尹给商汤出了个主意:简单试探一下,先停止给夏桀称臣纳贡，看看反应。结果夏桀大怒，竟能号召"九夷之师"前来讨伐，说明其尚有余威，商汤赶紧赔罪认错，平息事端。这叫审时度势。

终于等到了约公元前1600年，商汤、伊尹自信条件成熟，于是公开和夏桀叫板，这就是著名的鸣条之战，地点就在今天山西夏县的鸣条岗，结果无悬念，夏桀大败，被商汤流放到南巢——古代南方小国，今安徽巢湖有市（有省）。值得一提的是开战之前伊尹帮商汤作了一篇檄文《汤誓》，也就是现在的战前动员令或是告全体将士书之类的，首先意思是替天行道，文中用了一句"有夏多罪，天命殛之"；其次是为民请愿，文中用了"时日曷丧，予及汝皆亡"，意思是老百姓已经忍无可忍，夏桀就算是天上的太阳，老子也愿意和你同归于尽；最后是号令警告，"尔不从誓言，予则孥戮汝，罔有攸赦"。大概意思是：你不遵从誓言，我就会奴役你，杀你，绝无赦免。

《汤誓》发表后，商汤又有了一个新的称谓：汤武，这是商汤自封家门的，不是后世追谥的。司马迁在《史记》载录："于是汤曰：'吾甚武'，号曰武王。"因此，商汤是中国历史上第一任武王。

这篇《汤誓》虽未走红历史，但很经典，因为它是世界史上首次为民请战的战争檄文，收录在中国儒家五经之一的《尚书》中。

这段历史也被称为汤武革命。

革命，本义指变革天命，并非马克思时髦用词，而是出自3000年前的中国，最早见于《周易》："汤武革命，顺乎天而应乎人。"

这里，有一个人必须点名，司马迁称之为费昌，专职为商汤驾车，历经鸣条山战役。他是以后秦人的祖先。

7. 名垂历史

历史对伊尹应该多少有点内疚，吃瓜群众甚至不能正确读出伊尹的名字。

至此，夏灭商立，商汤作了一篇《汤诰》昭告天下，类似于安民告示，其中有一句"聿求元圣，与之勠力，以与尔有众请命"，其中元圣指的就是伊尹，东家老板直呼伙计为英雄楷模可以理解，直呼元圣这种情况好像世界历史上很少见，所以伊尹更牛了。

他继续为相50年，辅佐商汤祖孙四代、五位君主，潜心钻研中医、厨艺和学术，百岁而终。

商朝延续500多年，《尚书·商书》共17篇，伊尹占了5篇，都是围绕"伊尹放太甲"的典故。

伊尹辅佐的五位商朝帝王分别是：

商一代：汤，别名天乙，在位30年，其中17年做老二，13年做商朝一哥。

商二代：外丙，太子太丁之弟，在位3年。

商三代：仲壬，太子太丁之幼弟，在位4年。

商四代：大甲，太子太丁之子，在位23年。

商五代：沃丁，太甲之子，太丁之孙，在位29年，传位弟大庚。

商朝这些帝王的名字是汤乙、外丙、仲壬、大甲、沃丁、大庚，后面还有小甲、雍己、大戊、仲丁、外壬、河亶甲、祖乙、祖辛、沃甲、祖丁、南庚、阳甲、盘庚、小辛、小乙、武丁、祖庚、祖甲、廪辛、庚丁、武乙、殷纣王帝辛、他老爹帝乙、他爷爷太丁，全部灵感都来自中国的天干地支，可以想象得出商人对天地膜拜的程度。

太甲继位，属于天上掉馅饼，但这哥们并不珍惜，活生生一个夏桀再世，暴虐奢淫，忘却背后有一个比自己更牛的伊尹老师。为了天下苍生福祉，伊老师没有手软，直接将太甲打入冷宫，当时美其名曰桐城，就是在商汤墓旁建一行宫，在现在的河南商丘虞城县境内。这并非软禁夺权，而是相当于今天的关禁闭，让太甲面对先祖陵寝闭门思过。

禁闭期间，伊老师给这位太甲天子留有家庭作业，《伊训》就是其中一篇作业，据说还有另外两篇《肆命》和《徂后》，《肆命》教其为政，《徂后》教其法度，伊老师常常过来检查作业，交流心得。三年后，伊老师准其学满毕业，太甲又继续从政，直到去世，伊老师却依然健在。

臣子关天子禁闭，伊尹这是冒天下之大不韪，难怪后来关于"伊尹放太甲"说法不一。《竹书纪年》记录："伊尹放太甲于桐，乃自立。七年，王潜出自桐，杀伊尹。"

这显然与史不符，要不然《伊训》《太甲上》《太甲中》《太甲下》《咸有一德》不可能被收录在《尚书》，供后世瞻仰流传。

《竹书纪年》是魏国史官所编，其中还写到尧、舜、禹传位并非禅让，而是血腥篡位，记录中经常会出现一些神鸟怪兽、奇异天象，这显然是传说杜撰，也难怪，魏国史官编写时，事实已过千年，难免有错。

孟子很了解伊尹，"治亦进，乱亦进"。无论身处纷纭乱世，还是太平盛世，消极等待不如积极担当。

这才有了伊尹敢冒天下之大不韪，关老板的禁闭。

"古之至人，不居朝廷，必隐于医卜。"伊尹不但在医、卜、厨、兵、道、儒方面是开山鼻祖，而且还高居朝廷要职，一人之下，万人之上，这是道家出世隐忍的最高境界。小隐隐于野，中隐隐于市，大隐隐于朝。

伊尹还写出了堪称中医纲领性文件的著作《汤液经法》，也是道家养生学说的起源，难怪伊尹长命百岁。伊尹对中医最大的贡献是发明了汤药，要不然我们的老祖宗们还要继续牙咬嘴嚼中草药多少年，因此，伊尹是中华两大文化——中医和道家的鼻祖，并总结创立了中华烹饪五味学说理论，第一次药、食分家，医、厨分家。

现在看来伊尹先生的智慧同时融合了儒家和道家所长。孟子曾说："伯夷，圣之清者也；伊尹，圣之任者也；柳下惠，圣之和者也；孔子，圣之时者也。"孟子眼中这四圣，伯夷清高廉洁，伊尹堪当大任，柳下惠宽和中庸，孔子顺应时务。这四大圣人中，伊尹早先另外哥仨1000多年，因此算是儒家追认的先圣。春秋六艺"礼、乐、射、御、书、数"，前两项萌芽于伊尹先生，《大濩乐舞》就是伊尹的代表作。

"允也天子，降予卿士。实维阿衡，实左右商王"，出自《诗经·商颂·长发》，商朝卿士就是宰相，阿衡就是伊尹，商人对伊尹的赞美几乎与高祖商汤齐名。

做人做官做学问，伊尹都堪称各门各派的教父，人无完人，伊尹除外。

伟大领袖毛主席青年时代这样评价伊尹："伊尹之道德、学问、经济、事功俱全，可法(可以效法)。生于专制时代，其心实大公也。识力大，气势雄，故能抉破五六百年君臣之义，首倡革命。"毛主席说的，必须信。

第二章

一段不得不说的历史

1. 黄金搭档

"后稷之孙,实维大王。居岐之阳,实始翦商。"出自《诗经》中最长的一首诗《鲁颂·閟宫》。由此说明,自从商帝太丁杀了周人领袖季历之后,周人亡商之心一直不死。

果然,商革夏命的五百年后,周又革了商的命,东亚大陆继伊尹之后又出现了另一位政坛教父:周公旦,姓姬名旦,是周文王姬昌的第四子,周武王姬发的弟弟。《尚书·大传》评价其人:一年救乱,二年克殷,三年践奄,四年建侯卫,五年营成周,六年制礼乐,七年致政成王。

在中国人记忆里,这位大佬半人半仙,在万恶的封建社会,从庙堂社稷到上床睡觉,周公之礼没有人能够躲得开、绕得过。小到婚丧嫁娶、子嗣传承,大到君臣参拜、两国交战,都得遵循周礼典范,夫妻同床也要行周公之礼,晚上做梦他也能给你周公解梦。所以,想起来都有点可怕,周公之礼在封建社会就是每个人头顶上的手电筒,照到哪里哪里亮。

难怪贾谊这样评价周公旦:黄帝之后、孔子之前第一牛人。

一个民族的文化是什么?两个字:标签,贴在谁身上谁就是哪一类人。标签是什么？标签就是玩法花样，说到底，所谓的西方文化玩的就是西方花样，中国文化玩的就是中国花样。中国花样最早的模型就是周礼，我们的大中国之所以被称为礼仪之邦，就是源于周公旦；周公旦之所以要在礼仪规范上玩出这种新花样，源于周王朝的家长式思维。

可以这样打个比方：一个苦了好几代的穷小子有朝一日发达了，富甲一方，然后就纳妾添子、买田置业，接着就是良田万顷、广厦千间、儿孙满堂。这时候这位往日的穷小子想得最多的就是家业兴旺，子嗣传承，最好能千秋万代：小子们，你们现在可是大户人家的公子小姐，不像老爹我出身寒苦，光腚黄脸，形容枯槁，你们要活得有模有样，站有站像，坐有坐样，爹有爹样，娘有娘腔，长幼有序，兄和弟睦，于是乎挖空心思玩花样，想出了一系列家法、家规、家训。

周王朝开张之初，分封71个诸侯国，其中53个为姬姓子孙，所以国与国的关系，基本上是家庭内部的兄弟关系，其他非姬姓诸侯国，也全当干儿子管理。周天子站在食物链的顶端，就是一家之长，家长的脸要靠家法、家规、家训撑起来，于是就委托周公旦搞出来一系列周法、周规、周训，后世统称周礼，周礼就是西周时期的宪法。

周公旦有一个黄金搭档，是他和周武王的同辈兄弟，史上称为召公奭（shì），姓姬名奭。

这两个人算得上周王室的二号首长。召公奭的封国在蓟，也就是现在的北京一带，称作燕国。周公旦的封国是鲁国，就是现在的曲阜一带。但是召公奭和周公旦同时坐镇镐京，很少在封国办公，都委派自己的儿子管理封国。

搭档之初，周公旦为太师，召公奭为太保。周公旦代替年幼的周成王摄政，大权在手，召公奭心生猜忌，有些不爽，周公旦于是作了一篇《君奭》来表露心声，其中引用伊尹辅助商汤的事例，表白自己最终也将还政于周成王，情真意切，尽释前嫌。

现在河南省三门峡市博物馆封闭保存着一根三米五高的青色石柱，上书"周召分陕石柱"，石柱几经挪移，最初位于陕塬，现在的三门峡市陕州区境内。当年周武王灭纣的第二年，自己也挂了，周成王即位，天下初定，成王年幼，于是两个叔叔周公旦和召公奭鼎力辅佐。这一对黄金搭档，别出心裁，干脆来了一把生产大比武，分陕而治，评先创优，在陕塬立石柱一根，就是史上有名的周召分陕石柱，石柱以东归周公旦治理，石柱以西由召公奭管辖，陕西也因此而得名。实际上，就是以宗周镐京为中心的区域归周公旦治理，以成周洛邑为中心的区域归召公奭治理。周公序列和召公序列这种黄金搭档传统延续了好几代，直到周厉王时期，周公之后周定公和召公之后召穆公，合伙玩了一把中国历史上最早的共和制——持续十四年的周召共和。

这一对黄金搭档，施政风格各异，周公旦爱贤，所以就留下了"周公吐哺，天下归心"的历史典故，召公奭亲民，也留下"甘棠遗爱"的成语。《诗经·国风·召南·甘棠》这样歌颂召公奭的亲民贤德：

蔽芾甘棠，勿翦勿伐，召伯所茇。
蔽芾甘棠，勿翦勿败，召伯所憩。
蔽芾甘棠，勿翦勿拜，召伯所说。

看得出，召公奭和人民群众是鱼水之情。

召公奭的确为了周王社稷付出了巨大的牺牲，直截了当说就是燕国错失了称霸春秋的历史机遇。周初分封71个诸侯国，各自封地建国，这就是封建社会的开始，其中姬姓子孙53个，燕国的地位非同一般，不单单是因为召公奭的地位非同一般，更是因为燕国扼守东北大门，地理位置非同寻常，要不怎么能成为现在的北京？燕国所处的地理范畴是一个叫孤竹国的殷商北方大国，它和殷商祖先同宗同源，殷商是子姓成氏，它是子姓墨氏，孤竹国是支持"商革夏命"的大后方根据地，就像陈毅元帅所说的："淮海战役的胜利，是人民群众用小车推出来的。"孤竹国也是用牛拉车输送战略物资，直到把商汤拉向胜利。"商革夏命"之后，没敢忘记这个当年鼎力支持的老亲戚，所以在殷商时期，孤竹国达到了鼎盛时期，俨然一个北方超级大国，而且是文明古国，前后延续了将近一千年历史，比现在英国、美国的历史悠久多了，地盘包括现在的东北三省、内蒙古东部、河北省北部和朝鲜半岛。

现在考古发现河北滦南县、卢龙县应该就是当年孤竹国的统治中心，距离北京也就两百多公里的车程，"周革商命"之后，武王姬发将自己的兄弟召公奭分封在蓟地，当然是处心积虑、别有用心，目的就是镇守殷商老巢，防止孤竹国为殷商招魂滋事。

2. 殷商遗风

从硬件上来说，燕国最有可能称霸春秋战国，因为它继承了孤竹国遗产，疆域辽阔，地大物博，北方再往北，能打多远你就占多远。这要换成秦人，那还不跟打了鸡血似的，玩命打、玩命占，还有人在后边给你鼓掌。不像郑、宋、齐、鲁、卫这些中原列强，周天子脚下，华夏腹地，虽然是白菜心，但都是四战之国，稍微腾挪一下都要打得天翻地覆，个个都得挤着蜷着，白菜心长不大，燕国虽然是白菜帮子，但是发展空间大。

但从软件上来说，燕国错失了成为春秋霸主的机遇，关键因素还是人。燕国治理就像放风筝，灵魂人物都在镐京坐镇，继承召公衣钵，在西周王朝发展形成一股政治势力——召公序列。遥远的燕国就是召公家族的一块自留地，所以燕国一开始建国就缺失大国雄心，治理不专、用心不强，没有达到周武王姬发设想燕国取代孤竹国的初心，只是打破了孤竹国在东北的统治地位，给了另外一个少数民族——山戎发展壮大的机会，成为以后燕国的主要劲敌。

燕国最终没有取代孤竹国，这对东北亚的历史影响深远，否则蒙古、契丹、辽金、满的历史要重写,这其中影响最大的就是朝鲜。

这段历史不得不说。

箕子,名胥余,这位殷商遗臣、殷纣王的叔叔,和微子、比干一起被孔子称颂为"殷末三仁"。其中比干挖心,舍身成仁,《封神演义》的描绘基本属实。微子算是识时务者为俊杰,毛泽东称之为殷奸,在周灭殷商之后投诚周武王,三监之乱后被周成王封为一等公爵(公、侯、伯、子、男五爵中的最高等级),继承殷商祭祀,在成汤发家之地,古称亳,现在的河南商丘地域,管理殷商原住民,建立宋国。因此微子也称宋微子,成为宋国始祖。

箕子走的是曲线救国的道路,先是隐居箕山——现在的山西晋城市陵川县棋子山。现如今名人打广告的主要方式就是炒作,越炒越旺;古代名人雅士打广告的方式就是清高,越清越高,这种隐居不是隐姓埋名,有点像捉迷藏,挑逗当局。

周武王最终还是被挑逗了,亲自去箕山拜访,结果箕子对殷商表现出忠贞不渝,拒绝周武王的高薪聘请,但向周武王传授了一本古代治国秘籍《洪范》,史称箕子明夷。结果很完美:一方面,箕子的美名远扬,周围聚集了一帮殷商怀旧人士;另一方面,周武王礼贤下士,深得民心。

箕子拒绝周武王

箕子怀有殷商情结，周围又聚集了一大批殷商怀旧人士，难免产生重新建国的理念，但此时已是周天下，于是想到了曾经的殷商大后方——孤竹国。此时的孤竹国虽然已经七零八落，但出了两位与箕子同时代的名人：伯夷和叔齐。这哥俩同为孤竹国的王子，伯夷是老大，叔齐是老三，老爹孤竹国君亚薇让老三叔齐继承王位。但亚薇挂了之后，叔齐不干了，要让位给伯夷，他认为伯夷是嫡长子，理应继承王位；伯夷认为百善孝为先，谨遵父命为孝。于是兄弟俩互相推让王位，最后双双弃位出走中原。当时正值周武王伐纣，陈兵牧野，周武王随行大军中还供奉着他老爹周文王姬昌的牌位，伯夷、叔齐拦车谏武王，大概意思是：你爹死了，你不好好安葬守丧，却发兵谋反篡逆，一不孝二不忠。武士要怒杀伯夷、叔齐，被姜太公力劝救下，感念这哥俩是大义之人。

纣亡后，伯夷、叔齐拒食周粟，逃到河南首阳山，以食野草为生，最后饿死。《诗经·小雅·采薇》传颂的就是伯夷、叔齐。

确切地说，伯夷、叔齐是让人给说死的。说死这两位贤人的是一位实实在在的农妇，农妇看见这哥俩放着周武王送过来的粮食不吃，偏吃野菜野果，就问其究竟。哥俩义正词严曰：宁做殷商的鬼，也不食周王的粟。农妇反问：普天之下皆周，你现在吃的野菜野果也是大周朝的，于是伯夷、叔齐绝食而亡。

历史也很滑稽，虽然姜太公救了孤竹国的伯夷、叔齐，但大约三百年后姜太公的后裔、春秋五霸之首——齐桓公却彻底地灭掉了持续千年的孤竹国。

要放在现在说，这哥俩置国家社稷于不顾，但他们在那个年代被尊为模范贤人，也说明一点，殷商传统源远流长，大义不灭。大约三百年后的春秋初期，殷商的衣钵传承人——宋国，就是"殷末三仁"之一的宋微子收拢殷商原住民建立的诸侯国，又出现了伯夷叔齐式的两位国君兄弟——宋穆公和宋宣公，看来伊尹这位商朝御用家庭教师教育有方、代代相传。在举贤忠孝方面，周朝的确不及殷商，周时期，臣弑君、儿杀爹、爹戕子，屡屡发生。

3. 箕子曲线救国

孤竹国的东北部就是现在的朝鲜半岛，三面环海，像一把手枪指向日本，这是箕子和一大批殷商怀旧人士理想的栖息地。孤竹国当年是殷商的大后方，朝鲜半岛是孤竹国的后花园，人丁稀少，便于开发，而且群众基础好，普遍怀有殷商情结，关键是安全系数高，天高皇帝远。孤竹国虽然七零八落，但守卫周王朝北方的燕国还没有能力远征半岛。

于是箕子带领了五千殷商旧臣，开始了向朝鲜半岛的长征之旅。这五千人可不是军队组织，确切地说就是一帮难民，所以不比我们红军当年翻雪山、过草地困难小。到达朝鲜半岛有两条路可走，一是海路，从胶东半岛漂洋过海；二是陆路，绕道东北，走中国人民志愿军抗美援朝之路。箕子选择了前者，走出中原，渡过黄河，到达胶东半岛，漂过黄海。那时候的黄海算是中国的内海，从胶东半岛往东随便漂，想不撞到朝鲜半岛都很难。中原地区也是殷商腹地，可以获得更多支持和补给。

其中对箕子一行的殷商复国军提供最为关键帮助的是莱国，也称东莱国或莱子国。莱国地处今天的胶东半岛，地大物博，三面环海，商代建国，而且国大爵高，周初被封为二等侯爵，后来又被补封为一等公爵，国姓是上古八大姓之一的妊姓，堪称历史悠久，出身名门。现在的山东莱阳、莱西、蓬莱等地名都是莱国的历史文化遗产。

虽然莱国在历史上名不见经传，但实际上，西周时期，莱国绝对算得上一等一的大国，牛到周天子也要给个面子。周武王把最能打仗的姜子牙分封到了莱国身边，本想震慑一下，但没想到姜子牙刚到封地营丘，莱国就给了个下马威，出兵来伐。这就是历史上的"莱逼营丘"事件，这位姜太师也只能妥协偏安。

总之，莱国始终就没把周天子当作干爹看待，而是带有明显的殷商情怀，周天子对莱国也存有防备之心。

箕子从山西晋城棋子山出发，长途跋涉，到达胶东半岛的莱国，与漂洋过海比较，相对容易一些。那个年代，国与国之间没有特别精确的国境线，没有海关移民局，人能走过去的都是路，翻山越岭不算偷渡越境，所以只要有体力，只要有食物，陆地上的都好办。

但要从胶东半岛带领五千多人漂洋过海，到达朝鲜，这个难度远超鉴真和尚东渡日本，不是光靠着意志坚强就能将五千多人横渡过海，必须有一个专业的航海船队护送。如果没有莱国鼎力支持，箕子只能望洋兴叹。

箕子一行随团过去的都是殷商精英。当地的土著原本就是孤竹国的殷商子民，孤竹国大势已去、七零八落，但是殷纣王的叔叔代表殷商王朝亲临慰问，体恤民情，那绝对鼓舞人心，他又带来了五千科技工作者和文化专家，那时的朝鲜半岛，山多水多，不缺农林土地，缺的就是文化、科技和人手。所以箕子一行虽然不是军队，但胜似军队，代表的是前中央政府，自然而然称王建国。

周武王曾经专程拜访箕子，咨询治国理政，说明箕子也是一位治国能手。箕子到达朝鲜半岛后，带领原住民修筑房屋，养蚕织布，制陶编竹，开荒种地，丈量田亩，传授诗书礼乐、医药巫卜，并制定简单八项律法：杀人偿命、不抢不偷、不乱搞男女关系、同姓不得结婚等，这说明箕子登岛之前，当地只是蛮荒之野。

在箕子的治理之下，朝鲜半岛开始走向文明，民众丰衣足食，夜不闭户，路不拾遗，被称为东方君子国。周武王听闻箕子在朝鲜半岛建立东方君子国，于是采取招安之术，册封其为箕子侯国，派使团互访，参观学习，并邀请箕子回乡省亲。箕子也欣然接受，箕子侯国也成为朝鲜半岛上第一个官方政权，箕子朝鲜在半岛延续了一千多年。

随同箕子出奔朝鲜的殷商怀旧人士，功成思乡，人之常情，于是在箕子五十二岁那年，组团朝周，荣归故里。经过故都殷墟，原有国华不在，感物怀旧，箕子写下了著名的《麦秀歌》：

> 麦秀渐渐兮，禾黍油油。
> 彼狡童兮，不与我好兮。

这是中国现存最早的文人诗，狡童指的是殷纣王。

第三章

女人惹的祸

1. 阴阳不调

到了西周末年，第十二代君主周幽王姬宫涅继位。幽王二年，也就是公元前780年，发生了大地震，《史记》用了六个字："三川竭，岐山崩。"泾河、渭河、洛水枯竭，这三条河流可是周王朝腹地，维系镐京作为首都的母亲河，河枯则田枯。岐山那是周王朝的老窝，岐山崩那就是周王朝的老窝崩塌了。

于是，当时的西周太史官伯阳甫预言："周将亡矣。"用现在的话来说：阴阳倒置，地气不调。人如果阴阳不调，可以调理，国家如果阴行阳伏，势将国运不顺，西周王朝十年必衰。司马迁用了一句："阳伏而不能出，阴迫而不能蒸。"

这句话的意思大概是：阳气受阴气压迫，无法上升，憋坏了，就地震了，这是古人对地震的解释。

伯阳甫提出阴阳哲学，名声没有老子大，但比老子早。伯阳甫的这段精彩预言，被左丘明按照匠心大作级别收录于《国语》，名为：三川皆震伯阳父论周将亡。

这已经是天时不济、地利不和，但这个周幽王也确实不争气，沉迷美色，整出了一出阴盛阳衰的狗血剧。就看看后人给他这个谥号——周幽王,"幽"的含义:"壅遏不通曰幽。蚤孤铺位曰幽。动祭乱常曰幽。"意思是一意孤行、不务正业。

说是女人惹的祸,其实这女人也就是个祸引子。

当时有一个历经夏、商、周三代的传统诸侯国叫褒国,具体地址在现在的陕西汉中褒河流域,据说是大禹的后代,在当时那也是文明古国了,连周武王都没去惹。褒国不知怎么就得罪了周幽王,于是周幽王就把褒国的老大褒珦抓了起来,褒国赶紧献出了美女褒姒,搞了个权色交易,周幽王得了褒姒以后总算放了褒珦。

周幽王之前已有一位王后叫申后,并已册立申后的儿子宜曰为太子。按理说,这皇帝多泡几个大美女还不跟平常人多喝几口汤一样,但这个褒姒可不一样,周幽王对她的宠幸真正到了不要江山只要美人的程度。褒姒也蹬完鼻子就上脸,贪得无厌,不但霸占周幽王,还要占江山,小三、原配一身兼。

这事要放在当下,那绝对是一段爱情佳话,周幽王找到了自己的真爱,谈了一场轰轰烈烈的恋爱,直至献出自己宝贵的生命。

传说褒姒是个冷美人,难得一笑,但有一怪癖,喜欢听衣服撕裂的声音,于是周幽王就让奴婢们天天撕扯布匹,逗着褒姒开心。那时候除了金属货币就数布匹最贵重了,诸侯进贡、天子赏赐多为布匹,有些穷乡僻壤的老百姓一辈子都不一定见过布匹。

　　这还不算过瘾，为了凸显周幽王对褒姒的宠幸程度，司马迁专门在《史记》中给褒姒编排了一场"烽火戏诸侯"的大戏，这场戏脍炙人口、前呼后应、精彩绝伦、流传千古。但据后人考证，"烽火戏诸侯"经不起推敲。且不说那个时候有没有发明烽火台，就说点完烽火后各路诸侯前来救驾需要多长时间？那可不像说相声，张口就来，几句话把你逗乐。那个时候诸侯救驾，从集结军队到跋山涉水，少则走个十天半月，多则一年，周幽王和褒姒坐在骊山上干等半个月，哭都没劲，更别说笑了。

　　关于这出戏，《吕氏春秋》的版本是"击鼓戏诸侯"：

烽火戏诸侯

"幽王欲褒姒之笑也，因数击鼓，诸侯之兵数至而无寇。至于后戎寇真至，幽王击鼓，诸侯兵不至。幽王之身，乃死于丽山之下，为天下笑。"

这个更为扯淡，鼓声有多大分贝？隔山隔水的能传令诸侯，别说是古代，现代也做不出这种超级大鼓，即使能招来诸侯救兵，情况也和上边一样，也得走个十天半月。《吕氏春秋》成书早于《史记》，"烽火戏诸侯"是"击鼓戏诸侯"的演绎进化版。

这就是中国传统故事"狼来了"的春秋版本。

我个人觉得应该是击鼓传令，报警侍卫救驾，玩个捉迷藏比较靠谱。司马迁是个文学家，后世评价《史记》的卖点就是描绘生动，缺点也是过于生动。把击鼓救驾捉迷藏渲染成为"烽火戏诸侯"听起来更精彩，更能说明周幽王的荒淫无度，更能表现出给周幽王出这个馊主意的虢石父的恶毒。

这个虢石父的确不是什么好东西，司马迁称此人阿谀好利、为人佞巧，最擅长祸国殃民，周幽王用他做了上卿。上卿是重臣，相当于现在的国务院总理。

此时的虢石父还有一个兼职——虢国国君，准确地说是西虢国或南虢国国君。

在此，顺便介绍一下虢国。

史上共有五个虢国：东虢、西虢、南虢、北虢和小虢。虢国，郭姓先祖，长期以来把持周王朝二号首长大位的，除了周公序列和召公序列，就是虢公序列。建国之初，虢国就高人一等，在公、侯、伯、子、男五个爵位等级中，虢国是一等公爵，而且是七大公爵中，唯一一位姬姓诸侯。主要因为开国国君是周武王的叔叔、周文王的两位兄弟虢仲和虢叔，本来辈分就高。

开国之初分东西虢国，分别由虢仲和虢叔领衔老大，东虢国镇守在制地，即今天的河南荥阳。荥阳有个虎牢关，对于虎牢关，中国人应该都多少耳熟，就是《三国演义》中三英战吕布的虎牢关，曾经号称天下第一关，是周王朝东边的门户。西虢国镇守在陈仓，即今天的陕西宝鸡。宝鸡古称雍地，是周人的发祥地。宝鸡有一个大散关，号称一夫当关，万夫莫开，曾经是历史故事"明修栈道，暗度陈仓"的事发现场，大散关是关中平原四大关隘之一，是周王朝西边的门户。

读到这里，您基本上可以明白，这一对虢国组合对周王朝是多么重要，但是，这个重要性也只说明了一半。

为表示寄予厚望，周王朝又专门赐给这对双胞胎一个汉字"虢"，字意"一手持戒，一手打虎"，容易让人联想到武松打虎。

由此可见，虢国在周王朝的地位。

虢石父把持朝政，周王朝国务不通，百废不兴。其实周幽王倒没有史书描绘的那么坏，最起码没有他祖父周厉王那么坏。一看周厉王这个谥号就知道他是个暴君，也是个厉害的主，仅次于殷纣王了，残暴到民众见面只敢摇手，不敢打招呼，不然就要被怀疑说周厉王坏话，恐被杀头。周幽王属于用人不善、泡妞无方，不识时务者，典型的外强中干，儿子们没管住，老婆们也没管好，结果是毁在老婆身上，死在儿子手里。

褒姒被周幽王宠幸的第二年就生了个儿子，取名伯服。周幽王宠爱褒姒，虢石父巴着周幽王，褒姒捧着儿子伯服，于是这几个人组成统一战线，就在周幽王登基的第八年把申后和太子宜臼给废了，因为褒姒和伯服不但要申后和宜臼的位子，还想要这娘儿俩的命。

褒姒在司马迁的描写下非常招人痛恨，恶心指数超过了周幽王，实际上，罪魁祸首还是周幽王。

2. 桓公寄孥

宜臼被废的这一年，周幽王聘用他的叔叔郑桓公姬友做了司徒，主管土地和户籍。但对于郑桓公来说这只是个兼职，他的另一身份是郑国的首任君主。

就凭郑桓公这个谥号，一看就是贤君明主，而且是一位居安思危、深谋远虑的政治家。郑国的封地在棫（yù），今天的陕西渭南市华州区（以前的华县），春秋战国时期称之为郑县。虽然靠近京畿，好处自然有，王恩浩荡，近水楼台先得月，但郑桓公却忧心忡忡，因他这个侄子周幽王太败家了，荒淫无道，犬戎对周王室虎视眈眈，镐京危机重重，总有一天城门失火，殃及池鱼，那时郑国就大难临头了。

于是郑桓公就找了个明白人——太史官伯阳甫商量，能做太史官的都是当时的饱学之士兼社会名流，之前他曾预测周幽王的江山阴阳颠倒，十年必衰，可见此人不是那种阿谀奉承的官混混，而是直言不讳，特立独行。司马迁在《史记》中把伯阳甫写得有点神乎其神。伯阳甫建议郑桓公：在郑国的东边再往东，过了成周洛邑，就是郐国和虢国，这两国的老大贪而好利，百姓不附，郑桓公高居朝中司徒，百姓爱戴，郐、虢两国君也趋之若鹜，如果给点好处，让这两国各自腾出点地方，可接纳郑国。

郑桓公照办了，历史上称为桓公寄孥（nú）。

伯阳甫所指的地方就是今天河南新郑到荥阳一带，距离郑国故所陕西华县千里之遥，很巧的是，此地上古称为有熊氏，孕育了华夏始祖——黄帝。

邻国和虢国果然让出了十邑地盘，仅供桓公寄孥，"孥"意指妻儿老小，名义上郑桓公为躲避战乱，寄人篱下，暂时将自己的家眷寄放在那里。但是郑桓公的身份地位特殊，周王朝司徒，主抓户籍和土地，在古代，人口和土地都是硬通货和战略要素，司徒的权限相当于现在的国土资源部、财政部、民政部和发改委的总合，位高权重，邻国和虢国得罪不起。因此，本来是寄居，结果寄居地变成了郑国的飞地。

需要说明的是这里的虢国是东虢国，而虢石父是西虢国的国君。

郑桓公又问伯阳甫，以后哪些国家可能称霸？伯阳甫根据族谱分析，秦、楚、齐、晋都是圣贤名门之后，以后必称霸。伯阳甫为什么这样预测，很难说。有可能是伯阳甫的神机妙算，也有可能是后世司马迁根据既成事实的"合理发挥"。

3. 关键时候要拼爹

周幽王废嫡立庶，这下事情闹大了，男人好色要好之有道，喜新不厌旧，这可是夏桀的前车之鉴。关键这个周幽王最大的特点就是不识时务，他不但被臣子牵着鼻子走，而且还镇不住自己的后宫，不像他祖父周厉王，皮厚心黑，坏得我行我素。

于是申后带着儿子宜臼想方设法逃到了自己的娘家——申国。历史上有两个申国：南申国和北申国，这里所指的是南申国，北申国留在姜姓始祖炎帝的故里——陕西关中。申国世代为侯，封地在现在的河南南阳境内。周王朝对诸侯的爵位分封有五个等级：公、侯、伯、子、男，其中公爵诸侯国只有宋国、杞国、祝国、焦国、蓟国、陈国、虢国七个，申国为二等侯爵，算是相当牛了。申国有个传统，从周初以来就世世代代和姬姓宗室通婚，因为申国的国姓为姜，是姬、姜、姚、嬴、姒、妘、妫、姞八大古姓之一，炎帝的后裔。古代诸侯皇族通婚必须讲究门当户对，也不能近亲结婚，大部分包括周天子在内的都是姬姓诸侯，所以炎帝后裔姜姓的申国公主当然是首选了，而且还供不应求。那时候还没有公主这个叫法，国君之子除了太子就叫公子，国君之女叫女公子。

西周时期严格施行宗法制度和嫡长子继承制，周幽王废掉申后和嫡长子宜臼，本来就是大逆不道。申侯看见女儿被平民美女扫地出门，而且眼看到手的周天子外公称号也要飞了，绝对咽不下这口气。

这边申侯想给自己女儿争口气，那边周幽王要给褒姒撑腰，于是在周幽王上台的第十年秋季，周幽王任命虢石父为将，准备将前妻、儿子和申侯一锅端。

申侯没有退路了，要不他女婿死，要不他和女儿、外孙一起亡，只能下狠手，于是申侯联络了曾（缯）国和西北游荡的犬戎从东边和西北两路夹击。

史上同时期出现过三个曾国：河南方城县曾国、山东兰陵县曾国和湖北随州市曾国，前两个曾国史书都有记载，方城曾国为二等侯爵，兰陵曾国为四等子爵，这两个曾国同祖同宗，祖先都是酿酒祖师爷杜康。杜康姓姒名少康，立志要中兴夏朝，历史上曾经出现过短暂的"少康中兴"，所以，现在的河南方城和山东兰陵都被全球曾姓华人追认为曾姓故里。随州曾国是曾侯乙墓的考古挖掘挖出来的，近代之前史书并未记载，最后经史学家确认曾随同国。这个曾国即是史书上记录的随国，与方城曾国和兰陵曾国不同祖先，随州曾国是随姓先祖。

方城曾国和申国相比为邻，经申侯带着女儿和外孙教唆，一拍即合。

犬戎是对西北少数民族的蔑称，"犬"是狗，"戎"是兵器的泛称。这个游牧民族应该是狼图腾部落，应该叫"狼戎"还差不多，结果被周民族蔑称为犬戎。本来犬戎是臣服周天子的，关系还不错，那时候还客气地被称为"戎狄"或"西戎"。

按照周制：国都近郊五百里内称为甸服，五百里外的地区称为侯服，再外二千五百里内地区总称为宾服，蛮夷地区为要服，戎狄地区为荒服。甸服地区要向周天子尽日供义务，侯服地区要尽月供义务，宾服地区每季供享，要服地区每年朝贡，荒服地区一生一次来朝见天子。

犬戎在周穆王前一直按照荒服地区尽义务，结果到了周穆王时期非要人家尽要服地区的义务，犬戎不干，周穆王就出兵征讨，最后没得到什么便宜，只获得四只白狼和四只白鹿，从此以后双方关系闹崩了，犬戎也恨上周天子了，所以申侯招之即来。

4. 引狼入室

两路人马，内外勾结，攻破镐京。周幽王、小儿子伯服、虢石父一同被杀于骊山脚下。郑桓公作为周幽王的司徒亲率军民抵抗，最后也以身殉国。

这一年是公元前771年，周幽王在位的第十个年头。

犬戎的特长一是杀二是抢，他们的动员令就是要勇敢地杀、积极地抢，抢劫是对胜者的最高奖励。如果统领们要求他们杀到镐京之后军民联欢、秋毫无犯，那犬戎小子们肯定怒怼：不是你滚，就是我滚。

镐京被洗劫一空。曾国军队耻于与其为伍，早班师回国了，但犬戎赖着不想走了，在镐京待着太舒服了，有吃有喝有玩，又能抢又发财的，比在西北游荡强。

这才是真正的引狼入室。

于是宜臼又以周天子名义自居，四处联络，赶紧灭火。最近的诸侯国：郑、卫、秦、晋都来了，识时务者为俊杰，都知道犬戎肯定是兔子的尾巴——长不了，周天子当下还是老人，赶紧政治投资，勤王平戎。

当然这时候的秦还不能称为诸侯，更不能称为国，只能称之为秦人。秦人级别比较低，勉强算是周天子的附庸。

事实发展也印证了这一点,东周初期这四家都捞得不少,名噪一时。

而且,郑国、秦国也要趁此报仇血恨。郑国首位君主郑桓公惨死在犬戎的刀下,儿子郑武公刚刚继位,报仇心切,不请自到。秦人这时候最可怜,因为没有位列诸侯,想给周天子朝拜搭句话都不够格,几乎世世代代打犬戎。没办法,因为犬戎世世代代的专职工作就是打秦人。要么打人,要么被人打,秦人选择了前者。七年前秦襄公的祖父秦仲就被犬戎所杀,现在继位的秦襄公以后也死在征战犬戎途中。

勤王平戎是卫国从建国到灭国这907年间最露脸的事。卫国存续之中只有两件事引以为豪:一个是命长,虽然国运不昌,却是春秋时期延续最长的诸侯国,先后41位君主,培养出了一个商鞅,辅佐秦国成为地球上东方一哥;更露脸的是卫国的后代出了一个卫满,竟然灭掉了箕子朝鲜,建立了卫满朝鲜国,那已经是汉朝年间的事了。另一个就是辅佐平王驱戎东迁,趁机火了几十年,也因此获得了卫国历史上最牛的谥号:卫武公,史称武公修德。

四国军队师出有名、士气高昂,把犬戎赶回了老窝。犬戎本来是请着来的,结果被赶着走了。

看来做人真的不能太贪心,否则客人做成贼了。本来不做老赖的话,说不定被周平王封为诸侯建国了,那以后历史上可就没秦人什么事了。

5. 平王西迁

宜臼终于登基为王了,但只分得了个周平王。关于"平"这个谥号,我查了一下:"治而无眚(shěng)曰平;执事有制曰平。布纲治纪曰平。"基本上这就是对宜臼人格政绩的总结。

周平王登基了,但登得不踏实。周平王是在申国、许国和鲁国的拥护下在申国自称为王的。等他回到镐京的时候傻了眼,镐京已是满目疮痍,能带走的都让犬戎抢走了。他要做的第一件事就是祭天葬父,祭天容易,走个过场;葬父对周平王来说比较难,难在难过心头坎,他实际上是弑父的参与者,弟弟伯服、郑桓公也因他而死,估计他跪在周幽王的灵前也是心惊胆战,等于凶手在杀人现场招魂,心里发毛。

周幽王驾崩得太离谱了,不能安葬在周陵祖坟,担心地下祖宗不接纳,就只能另行择地而葬,就是现在的陕西临潼周幽王墓。后人在墓中还发现了一百多名殉葬的女子尸骨。

周平王坐在一个烂摊子上。

首先是人心不稳。该死的死了,不该死的也死了,周平王是凶手还是平乱天子都未定,人心惶惶,上百家诸侯国,支持平王的有，但观望的多，仇家也不少。比如西虢国的国君虢石父死了，郑桓公也死了，这两个诸侯国会不会事后清算？

其次是财力不足。本来前几年地震河枯，再加上周幽王经营不善，荒淫不堪、挥霍无度，国库亏空，又经过犬戎入室抢劫，连人带物一起抢。真是屋漏偏逢连夜雨，钱没了，人也没了。

最后是处地凶险。本来和犬戎是联盟，现在是仇家了，多亏郑、卫、秦、晋四家联手勤王救周，赶走犬戎。犬戎是提着裤子逃了，但没跑多远又回头了，正对镐京虎视眈眈，曾经的精锐宗周六师早已被犬戎打得七零八落，镐京没法待下去了。

于是，周平王决定搬家，东迁洛邑。

春秋时代正式开始，这一年是公元前770年。

第四章

二王并立

1. 我们有了一个名字叫中国

中国历史上，公元前1046至公元前771年，从周武王建周到周幽王被杀，历经十一位君主，共275年，因为以镐京为国都，所以称之为西周。从周平王搬家定都洛邑到公元前256年周灭亡的这段历史称为东周。

周平王宜臼没想到，自己搬家搬出一个历史新起点。

但其实是个拐点，西周和东周最根本的区别并不在于国都的不同。西周时期周天子就是个土地爷，大家都得供着，东周时期，周天子就是个大众情人，谁都可以调戏。

之所以说平王东迁不是建都而是搬家，因为洛邑本来就是西周的陪都。

说来话长。

当年武王灭纣之后，采纳了自己弟弟周公旦"以殷制殷"的建议，灭国不灭祀，将纣王之子武庚继续分封在殷商故地，继承殷商祭祀，管理殷商遗民。但为了防备起见，又将殷商王畿分为卫、鄘、邶三个封区，分别由自己的三个弟弟姬鲜、姬度、姬处去管理，以监视武庚，称为三监。

武王这三个弟弟史书上习惯称为管叔鲜、蔡叔度、霍叔处，因为这哥仨都有自己的封国，管叔鲜分封在管国，蔡叔度在蔡国，霍叔处在霍国，这三人的确是周成王的亲叔叔。西周春秋时期，"叔"是美称，就是潇洒哥的意思，"父"是尊称，"伯"是官称，大咖大佬才敢称伯和父。但这三人对周成王登基相当不满，一方面是周成王登基时年龄较小，只有十二岁，另一方面是哥几个对老四周公旦辅佐这个小侄子摄政心存大忌。

于是这哥仨立即和武庚化敌为友，来个"非常3+1"，联合造反，警察跟着小偷混，这就是历史上的"三监之乱"或称"武庚之乱"。

这其中主谋之中的主谋是管叔鲜，他有自己的小算盘。商周王位继承一般遵循两种制度：嫡长子继承制和兄终弟及制，前一种是立长不立贤，后一种是立贤不立长。虽然周王室明确采用嫡长子继承制，但周文王就没有传给长子，而是传给了自己的二儿子姬发，因为周文王正妻太姒所生的十个儿子中，只有老二姬发和老四周公旦贤能，管叔鲜是老三。"三监之乱"时老大、老二都已过世，老二姬发的儿子周成王还小，那么老三管叔鲜觉得自己"兄终弟及"的可能性就非常大了，这才是管叔鲜挑唆发动"三监之乱"的真正动机。

结果还是被周公旦联合召公给镇压下去了，管叔鲜是主谋被斩，武庚是敌对分子理所当然被杀，蔡叔度算作从犯被流放，霍叔处从轻发落降为庶民。管国的诸侯国地位从此消失，但流传下了管姓至今，现在的郑州市管城区也算是管国历史遗产。蔡国由蔡叔度的儿子蔡仲继位，国号继续，但一直苟延残喘，跌跌撞撞地延续了几百年，公元前447年被楚国灭亡，现在河南省的上蔡县名是其历史遗产。

霍国改名换主人，由原主人霍叔处的弟弟康叔封继承，封地也从山西霍州迁址朝歌，今天的河南鹤壁淇县，坐镇殷纣王老巢，国名变更为卫国，寄托保家卫国之意。康叔封排行老九，以前因年幼未获封国。

人家这才是真正的"兄终弟及"。

原殷商遗民一分为二：一部分良民留在商丘，由殷纣王的同父异母哥哥，被孔子尊称为"殷末三贤"之一的微子管理，继承殷商祭祀，就是春秋宋国，商丘是殷商旧都，由开国君主成汤创建；另一部分不安定分子迁移至洛邑，也就是现在的洛阳。

史书记载，洛邑这个地方是召公选址，周公旦监督营建的。但实际上从策划、选址、建造都是周公旦一揽子搞定，召公的作用主要是政治站位、声援和挂名。"三监之乱"说白了就是亲兄弟打乱架，各方都想方设法拉个兄弟来评理，召公就起了这个作用。

选址洛邑，一定要经过测量、占卜、看风水，这都是周公旦的拿手专长，即使放在当今，周公旦的这项本事也大有用场，周公解梦之术依然管用。其实洛邑这个地方是周武王牧野之战灭纣回师途中选定的，并且定鼎洛邑，只不过来不及营建宫殿庙宇。定鼎可是古代皇权的最高象征，选址两年后武王就挂了。

估计召公是依据周武王的意向选址，然后周公旦四处占卜定位，最终选定西为寝宫东为宗庙，周公亲自督工营造。于是周王朝就有了两个首都，西边是镐京，东边是陪都洛邑，镐京是祖屋所以称为宗周，洛邑是统治中心，所以称为成周。

宗周驻守军队为宗周六师，成周驻守军队为成周八师。商周军队建制人数基本相似：五人为伍，五伍为两，四两为卒，五卒为旅，五旅为师，五师为军，那么以此推算，周王朝一个师应该是2500人，宗周六师15000人左右，宗周八师20000人左右。但是当时春秋早期战争非常讲究礼仪：一要约战，不约战就冲就杀，会给人家瞧不起的；二要双方军队排兵列阵，然后双方冲杀对决，"不因阻隘以求胜"，就是说不能靠用关阻和险隘取胜；三是"君子不重伤，不擒二毛"，意思是说老、弱、病、残不能杀。

因此那时战争的主要方式就是列阵冲杀，最有效的冲锋杀敌神器就是战车，相当于现代战争的坦克，步兵都躲在战车后面捡便宜。所以春秋时期战车代表一个国家的实力，一般一个师拥有战车百乘，宗周六师加上成周八师，周王朝战车超千乘,当时最牛的诸侯国战车不过三百乘,因此周王朝是绝对的超级大国。

从军力配备上来说,成周洛邑是超过宗周镐京的,再加上新建的寝宫宗庙,又有皇权最高象征的武王铸鼎,还有关键一点:周公旦也不知道使用了什么神器进行了测量,得出洛邑乃天下中心。

于是,伟大的事情发生了。1963年在陕西宝鸡出土的青铜鼎何尊铭文中,用了122个字记录了成周洛邑的营建史实,其中出现了"宅兹中国"四个字,这是迄今为止发现最早的"中国"称谓在历史上的出现。

何尊及铭文中的"宅兹中国"

"宅兹中国"大概意思是"定居在中国这个地方",让人想起现在的一句流行歌词:"我们都有一个家,名字叫中国。"

就从这一点来说,中国历史就应该给周公旦树一块丰碑。

2. 秦人位列诸侯

周平王宜臼几乎不用说服群臣表决，迁都的事就顺利通过了，土屋换楼房，人心大快。如果从国家统治和历史潮流来说，周平王的选择都是对的，周平王最大的优点就是识时务，所以，无所作为就能平平安安地当皇帝五十年。

从他当政起，周室衰微，究其原因只能粗暴地说：路是走对了，可惜买了一辆破车。

古代国家财富的衡量不用国民生产总值，但有一个指标必须看，而且还是硬通货，那就是人口，就像衡量一个牧民的财富，要看他的牛羊多少一个道理。因此，周平王搬家不能拎着钱袋子就走，要能搬动的搬着走，老百姓能走的赶着走。这不但要有人力、物力和财力，关键还要有面子：高接远送，群臣簇拥。

于是秦、晋、卫、郑继续勤王，这哥四个可不是学雷锋，而是好处没到手，还得跟着走，帮着周平王搬家，这可比打犬戎舒服多了。

这四国中，晋、卫、郑都是姬姓国，皇亲国戚，说起来都就是堂亲，只有秦是外人，官职最低，是个大夫，但在西陲拥有一块属于自己的自留地,算是附庸。秦当时还不能称之为国。据史记载,秦的祖上因给舜帝驯鸟驯兽有功,而被赐姓为嬴;远祖费昌专职给商汤驾车,历经鸣条山战役;到周穆王时期,重操旧业,秦的祖先造父因驾车有功,被赐邑封赵城,在今天的山西洪洞县,这才有了秦姓赵氏的说法。说白了,秦人祖先也就是个领导司机,但那时周天子的驾车司机可不比今天的交通部长逊色;周孝王时期,造父后人移居秦地犬丘,现在的甘肃天水一带,开始以秦人相称,秦人祖先秦非子为周王室养马有功而被封为附庸;作为周的防火墙,秦庄公抗击西戎有功,周宣王时被封为西陲大夫。

秦襄公以倾国之力勤王东迁,这是一场赌博,赌输了,官封原位,平王跑了,靠山走了,人没了,犬戎来了;只赐爵或只封地,算是赌平,或将成为犬戎或是其他大国砧板上的鱼肉;赌赢了,既赐爵又封地,从西陲大夫摇身一变成为西陲大国。

秦襄公赌赢了。

周平王给了秦襄公额外封赏,连升两级,跨越五官六卿,位列诸侯,并发誓承诺:赶走犬戎,岐、沣之地尽归秦。

公元前770年,也就是周平王元年,秦开始在封地建国。

周王朝的老家都归秦了,老家以西的地盘只要赶走犬戎也是秦国的了。秦襄公这回被打鸡血了,立即回国,视察封地,并宰了一头牛、一只羊、一匹马，面对渭河，祭拜天地，庆祝建国。

这样看来，秦人还是比楚人家底丰厚很多，楚人被周天子封爵建国，为了庆祝，只能半路上偷走别人的一头牛宰杀后祭祀天地，因此落了个楚人盗牛的说法，贻笑大方。

秦国的西边是没有国界的，基本上是打到哪儿就是哪儿，于是秦襄公聚精会神打西戎，六年后在讨伐途中去世，葬于故地西陲，即今天的甘肃省礼县大堡子山。秦国是靠征伐西戎发家的，靠勤王东迁致富的，但一连三代都付出了血的代价：秦襄公的祖父秦仲被西戎所杀；秦襄公的父亲秦庄公率领兄弟五人击败西戎算是给父亲一雪前耻；秦襄公的哥哥世父也是为了给祖父报仇，甘愿放弃王位让给秦襄公，领兵专职打西戎，最后被俘，秦襄公嫁妹交换回哥哥。

秦国的地盘是打出来的，王位是兄弟谦让出来的。秦之所以能强大，是因为秦的革命先辈们有着良好的革命传统，这一点比起同时期的周幽王和自己两个亲儿子伯服、宜臼的王位之争，前者励志，后者狗血。

周平王承诺秦襄公的岐、沣之地尽可归秦，也是没安什么好心。经过这次"镐京血案"，宗周六师都没挡得住犬戎，周平王认为犬戎确实不好惹，主要是犬戎打仗很不讲周礼，既不约战，又滥杀乱抢，整一个土匪加强盗。对付豺狼用猎狗，秦人天天和犬戎打仗打出经验了，周平王想用秦人对付犬戎，就给秦襄公下了个诱饵，这时候的岐、沣之地的大部分，秦襄公只可以远远瞭望一下，比现在的日本瞭望北方四岛还难受，秦襄公有本事把犬戎赶多远，秦国就有多大。

秦人能打仗有两点：一是抗旱耐饥，一个水袋一筐馍馍，能和敌人周旋一个月，不用背着锅碗瓢盆、米面酱醋行军打仗，到后来秦人能灭六国，也是因为这个，只是把水袋换成了酒，馍馍换成了锅盔（陕西一种饼）；二是秦人没有遵循周礼去打仗，只管赢，不管礼，特别是秦襄公，《诗经》有首名为《蒹葭》的诗："蒹葭苍苍，白露为霜，所谓伊人，在水一方。"有一种观点认为是讽刺秦襄公不尊周礼。春秋时期不提倡饮酒，是因为周公旦曾发布过中国历史上第一则禁酒令《酒诰》，所以春秋期间出不来斗酒诗百篇的李白。但秦人在后期的诸侯战争中，战前士卒必须饮酒壮胆。

3. 二王并立

历史上一直认为平王东迁，获益最丰的是秦，鸠占鹊巢，官封诸侯，可以和其他诸侯国互派使节，互联互通。其实真正捞好处最多的还是郑，秦只是咸鱼翻生，郑才是巧取豪夺，大打出手，因为这时继位的是郑武公。

郑武公，姓姬名掘突，一看郑武公这个谥号就知道是个打仗能手，而且他还是一位深谋远虑的政治家，他是在犬戎攻占镐京，其父郑桓公以身殉国之后继位的，比周平王早一年。周平王和他外公申侯都因为其父死于犬戎之手而愧欠郑武公，于是周平王继续让郑武公接他父亲的班，做周王朝的司徒，申侯也把自己女儿武姜许给郑武公为妻。并且从血缘关系上说，周平王和郑武公最近，郑武公的父亲是周平王父亲周幽王的亲叔叔，算起来，郑武公是周平王的叔叔。申侯又把周平王的小姨许配给了郑武公，郑武公就又做了周平王的小姨夫。

周王朝的司徒是管理（农）人和（耕）地的，其实就是管地盘的。郑武公在位27年，利用司徒管地盘的手中权力，几乎是看上哪块地就打哪个国家，而且还战无不胜，攻无不克。没办法，同时期能叫作武公的就两位仁兄：郑武公和卫武公，卫武公要论武力和魄力都没法和这位比。卫武公做到了克祸定乱，郑武公除了克祸定乱，还做到了开疆拓土。

周平王从镐京迁到了洛邑，正开始准备建设新家园，谁知道又发生了一件特别狗血的事，镐京附近又出现了一个周天子，史称周携王。

周携王是周平王的亲叔叔，也就是周幽王的弟弟姬余臣。历史上对周携王的记载并不多，除了他扯虎皮当大旗，当了一回不明不白的周天子之外，甚至连他在哪里任职都搞不清楚。

二王并立

周携王的出现是有背景的，周携王作为周平王的亲叔叔，按理说当年周幽王废嫡立庶的时候，他是最有资格出来给周平王讲句公道话的，但他没有表态，说明他和褒姒、虢石父是一伙的。果然，当年犬戎攻占镐京顺手杀死虢石父之后，虢石父之子虢公翰继位虢国老大，继续坚持老爸的政治立场，拥戴周幽王的弟弟周携王为周天子，理由也很充分：周幽王和新太子伯服既然被犬戎所杀，周平王是幕后黑手，大逆不道，这时候王位的继承就应该按照"兄终弟及"的方式接班。

虢国在西周以及东周前期都是非常耀眼的，因为它爵位最高，贵为一等公爵，其国君是可以影响周天子、干预朝政的牛人大佬，按照名字出现的频率分类，能干涉周王朝的大人物基本上有三个序列：周公序列、召公序列和虢公序列。所以虢国有一定的号召力，在虢国的呼吁下，周携王也拥有自己的粉丝团，这对周平王最直接的影响就是诸侯停止朝贡，一停就是九年。

周平王就是蜂巢里的蜂王，自己不会出外采蜜，全靠工蜂供养，一旦诸侯停止朝贡，就相当于工蜂断养蜂王，所以周携王的出现，对于周平王很要命。

所有周武王所封诸侯国中，虢国的情况最为复杂，开始分封就有两个：一个东虢国一个西虢国，开国国君分别是周武王的叔叔虢仲和虢叔，后来派生演绎成五个：东虢、西虢、南虢、北虢、小虢。最初，东虢国镇守虎牢关，西虢国镇守大散关，本来寄希望于这一对双胞胎组合，一东一西拱卫京师，然而事与愿违。在周王庭上，虢国的国君狗仗人势是条龙，曾经史上最牛的战绩是，周幽王七年（公元前775年），虢国以大欺小，狂虐身边另一位公爵——焦国。可在诸侯大佬面前，虢国的国君犹如丧家之犬，历任国君竟然没有一位可以文治武卫，所以虢国成为春秋时期最早被灭国的公爵诸侯。

西虢国是最给周天子添堵的，从周厉王起，西虢国就在雍地待不下去了，犬戎经常光顾这位皇亲国戚的领地，犬戎的见面礼简单粗暴：一打、二抢。虢国也就在王庭上打过口水仗，真刀真枪没干过，没办法，只能搬家。于是凭借当时虢公序列在周王朝的影响力，在周厉王和周宣王交替时期，陆续举国搬迁到今天的三门峡市，定都上阳，在今天的三门峡市虢国公园附近，史称南虢国。原来的西虢国地界还有部分遗民，史称小虢，后来被秦武公收入囊中，留下一个地名虢镇算作故国遗产。

东虢国一直就很饭桶，因为朝中无人，常常所说的虢公序列都指的是西虢国或南虢国的大佬们，与东虢国没有半毛钱关系。桓公寄孥，郑国搬迁，郐国和东虢国出让十邑土地，到了郑武公时代，郑国干脆直接鸠占鹊巢，吞并了东虢国，东虢国残余旧部举国搬到了南虢国的对岸夏阳，今天的山西平陆县，史称北虢国。南北虢国，仅仅隔着黄河相望，相依为命，抱团取暖，所以史上又有南北虢国实属一家的说法。

虢石父被周平王领来的犬戎杀了之后，丧君又丧家的南虢国继续刷存在感，给周平王添堵，新国君虢公翰以倾国之力拥戴周平王的叔叔周携王，这样周王朝就有两位周天子：周平王和周携王，史称二王并立。

4. 周室衰微

周携王的出现不但影响了周平王的睡眠质量,也影响后辈史学家们的睡眠质量,本来西周到周幽王死了就算结束了,结果又出现了一个不明不白的周携王,到底谁是西周最后一任君主?吵了将近三千年。

虽然都是龙种龙脉,手续合法,但实力差异太大。周平王背后有秦、卫、郑、晋、许、鲁、申等诸侯国明确支持,坐镇成周洛邑;周携王只有南虢、楚国等少数诸侯国撑腰,登基地点在历史上找不到,考古学家也没挖出来,大概是在镐京与南虢国之间,靠近镐京的地方。因为是周携王的地盘,史书《竹书纪年》称之为携地。

南虢的姊妹国——东虢这时候并没有统一战线支持周携王,而且还和周平王互相暧昧。

如果换作是周幽王,马上派兵铲平,可是周平王比他爹棋高一着:能力不够,情商来凑。周王朝前后几代君主中,周平王的情商最高。他当年是怎么收拾周幽王的,现在就怎么收拾周携王。

这时候最为周平王所想的是晋文侯,因为这哥俩同病相怜，都有一个篡位的叔叔。

晋文侯，姓姬名仇，能给自己儿子，并且是诸侯世子起名字叫仇的案例还真少见，晋文侯的父亲晋穆侯听从周宣王的命令讨伐条戎却遭惨败的时候儿子出生了，晋穆侯于是给儿子起名叫仇，仇恨的种子就这么种在了幼小的晋文侯身上。

苦大仇深者，命运多舛。公元前785年，晋穆侯驾崩，理应世子仇继位，却被晋穆侯的弟弟晋殇叔篡位了，世子仇带领随从流亡他国。四年后，世子仇袭杀叔叔晋殇叔，晋人立世子仇为君，即晋文侯。

晋文侯在周幽王二年（公元前780年）即位，但一个命运多舛，励精图治；一个荒淫无道，败国败家。晋文侯和周幽王三观不同，自然就成了周平王的粉丝，有过自己叔叔篡位的惨痛经历后，自然也痛恨这个图谋篡位的周平王的叔叔——周携王。

所以在晋文侯二十一年，也就是公元前760年，晋国出兵把周携王姬余臣给灭了，结束了十年二王并立的局面，了结了周平王的心头大患。

晋文侯风光了，简直就是大展匡扶周室之雄风，再造周朝的功臣，既平戎勤王，又诛杀叛逆。周平王终于根清苗正了，又可以站在食物链的顶端，于是让晋文侯与周朝初期的周公旦几乎平起平坐，大加赞赏。还赏美酒一坛，黑弓红弓一双，黑箭红箭各一百支，骏马四匹。晋文侯从此获得辅佐天子、代王征伐的大权。

晋国并不稀罕周平王的几匹马和几张弓，晋文侯如此卖命也不是要争当东周王朝的劳模，而是看中周平王赐予的征伐大权。有了这个尚方宝剑，晋国从此只要看谁不顺眼，就可以收拾谁，收拾完了地盘直接划归晋国。

平心而论，周平王一生虽然经营业绩平平，但他的确算得上是一位优秀的政治家，命运多舛，周室衰微，能取得各路诸侯支持，根除政敌，继承王位，就是最大的成功。

周人的壮大，基本上是一路从西向东迁徙发展起来的，从甘肃经现在的宝鸡到达西安，后来又瞄准了洛阳，战略上是从边区挺进中原，从地方到中央。周平王迁都洛阳，是符合大形势需要的，可以进一步加强对东周列强的统治。

但形势变了，周王室从周穆王开始就已经走下坡路了，各路诸侯却一直在走上坡路，平王东迁的目的原本是统治诸侯，现在成了投奔诸侯，说白了就是逃难。

周平王有心匡扶周室，但无力回天，周王室的硬通货在周平王他爷爷那一辈就已经用光了。周朝推行的是分封制和宗法制，分封制是硬通货，宗法制是精神文明建设，两手都要硬，那才是周王朝的国威。经过十几代君主的分封，现在已经没地可封了，周宣王还勉强分封了一个郑国，到了他这代，也分封了一个秦国，结果还是拿自己的地盘分封的。唯一还有一项权力，那就是封官，但时局也变了，周平王可以封官，但人选他说了不算，诸侯大佬们竞争上岗。

以前是警察，现在就是个劝架的，这就是周室的衰微之路。

第五章

郑武中兴

1. 史上最成功的隔壁老王

二王并立这十年间,周平王有点郁闷,郑武公和秦襄公却像是打了鸡血,南征北战,圈地建国。

秦襄公理论上算是秦国的第一任君主,只可惜在位时间太短,作为秦国君主只当了四年,作为秦人首领当了十二年。周平王五年,即公元前766年,秦襄公在攻伐西戎的途中死了,临终前秦襄公以眺望的方式看了一眼部分还被犬戎占领的封地,秦国自此开始了开疆拓土、励精图治的强国之路。周人起初立国的家当地盘,几乎完完整整地拱手让给了秦人;以后发展壮大起来的秦人就是周人的衍生替代品,只不过前者以德服人,后者以武服人。

郑武公这时候称得上春秋第一大忙人,他一方面还在搬家,继续他老爹郑桓公"寄孥虢郐"的宏伟计划;另一方面远交近攻,扩大地盘;他还要在东周王庭任职卿士,辅佐周平王。

当年郑桓公听取太史伯的建议,选择虢郐周边建国,喜忧各半,喜在郑国新址的确是东周列国的白菜心,又紧靠周王朝,挟天子而令诸侯;忧在郑国所处位置是典型的四战之国,周边强国林立，生存空间有限，不像秦、晋、楚、燕有广阔的大后方，天高皇帝远，人少相公多，能抢敢占就是你的。

春秋之乱，乱自中原，起自郑国。周平王二年，即公元前769年，郑武公房客做成房东，吞并了当初收留自己的邻国。《春秋公羊传》记载："先郑伯有善于郐公者，通乎夫人以取其国而迁郑焉。"

郐国的这位夫人史称叔妘，妘姓之女，郐国也是妘姓之国，同姓不婚，这是周礼的红线，偏偏这位郐国国君就踩了这条红线。叔妘夫人也以此为耻，毅然红杏出墙，里通外国，郑武公也不客气，最后，把郐国收入囊中。

当然打铁还须自身硬，郐国亡国，也不能全怪罪于郑国，此时郐国老大不但留不住老婆芳心，也不得民心。这哥们如果放到现在，肯定能蹭个网红，绰号"皮衣哥"，因为这位郐国老大酷爱皮衣走秀。民间小调流传这位仁兄穿着羊皮大衣去逍遥，换个狐皮大衣来坐朝，后被录入《诗经》。

《诗经·国风·郐风》中有名为羔裘的一首诗：

羔裘逍遥，狐裘以朝。岂不尔思？劳心忉忉。
羔裘翱翔，狐裘在堂。岂不尔思？我心忧伤。
羔裘如膏，日出有曜。岂不尔思？中心是悼。

《诗经》就是当年的流行歌曲,只不过曲调已经失传,歌词保留至今,属于民间口碑。

郐国,这个存续七百多年的文明古国,曾经和武王一起伐纣,最后被武王的后裔给灭了,国君口碑极差,国人选择郐姓者不多,现在郐姓在百家姓中排名千名以外。

叔妘夫人最终也没捞到什么好处,郑武公属于路过顺手,最终还是娶了武姜做正牌夫人。

人和人不同,夏桀、伊尹、周幽王、郑武公都在泡妞,有人以此强国,有人因此灭国。

关于郑灭郐国,说法不一,数韩非子描述的最为精彩。《韩非子·内储说下六微第三十一》记述:郑桓公用反间计和借刀杀人计,把郐国的豪杰、良臣和能人优选出名单,然后将郐国的良田、爵位封赏写在这些人的名下,在郐国城门外建土坛假装盟誓,名单埋在土坛之下。于是郐国国君就按照土坛之下的名单,按图索骥把这些人一一杀尽,然后郑国灭郐。

韩非子的这个说法疑点颇多,首先反间计陷害一个人有可能,但一群人不明就里、二话不问就被杀了,让人难以置信。其次郑桓公灭郐,与史不符,郑桓公在周幽王八年做司徒,三年后就死了,搬家都忙不过来,根本顾不上图谋郐国。再说郐国是在郑桓公死后的第三年被他的儿子郑武公灭掉。韩非子这段故事可以当寓言来看,寓言多少都有点水分。

说回郐国的盟誓。盟誓，是商周时期非常重要的一项礼制，其实就是今天的公证员制度，说白了，就是请神灵作为公证人。古时候，各方通过协商达成了某项共识，会将共识内容写成盟辞，盟辞下方落款写上各方协约人姓名，相当于今天的协议书，虽然这张协议经常是刻在玉片或石片上，可以永垂不朽，但只凭一张协议总觉得缺少点公信力和约束力，于是发明了这种盟誓礼制。从1965年发掘的山西侯马盟书遗址和以后发掘的河南温县盟书遗址推断，东周时期对盟誓礼仪相当重视。首先必须夯土设坛，设坛的目的就是要祭天，意思是上天作证、我心可鉴，接下来要杀牲歃血，最后把盟辞和牲畜在祭坛上挖坑深埋，一方面用牲畜祭天，另一方面昭示如违盟约，就要落得牲畜一样的下场。郑武公灭郐六十多年后的鲁桓公元年，郑武公的儿子郑庄公和鲁桓公盟誓，《左传》记载了其中一句盟辞：逾盟无享国，这相当于今天的违约条款。盟誓礼仪春秋盛行，战国衰落，最后仪式简化，流落民间，成为绿林好汉、土匪草寇结义拜把子的必修礼仪。

2. 春秋版的经济特区

周平王四年（公元前767年），郑武公一不做二不休，把东虢国一口吃掉。郑武公胆肥了，接着干，然后横扫周边鄢、蔽、补、丹、依、㺮、历、莘八个小附庸国。

这时的郑国今非昔比，俨然是中原第一强国。而且周平王还要给他擦屁股，东虢国给灭掉了，国君流离失所，要找周平王讨个公道。周平王拿郑武公没招，他是周平王的堂叔加姨父，外加周王朝的卿士兼司徒，专管东周地盘的，于是重新找了地方给东虢国的亡国之君，封在夏阳，即今天的山西省平陆县。隔着黄河挨着老亲戚南虢国，史称北虢。

穷小子一发达，首先想到的是装修祖屋换房子，郑武公也一样，不但地盘大了，而且发达了。于是鸟枪换炮，修宅建房，大兴土木，把郑国国都建成春秋初期首屈一指的国际大都市。远看高屋林立，街舍层层，郑武公春风得意，心潮涌动，见景生情，给这座城起了一个响亮的名字"京"，"京"字原意指人造的巨大的土堆，可引申为高大的建筑物。"京城"这一专用名词就这样产生了。

郑武公所建的京城，堪称天下第一京城，可谓京城始祖，位于现在河南省荥阳市区东南约十公里的京襄城村,这个地方刚好处于虢国和郐国之间。

郑国的京城

郑国的发达得益于两个方面。

一是国策:重商扶农,甚至到了崇商的程度。郑武公与商人盟誓:尔无我叛,我无强贾,毋或匄夺,尔有利市宝贿,我勿与知。意思是两不相欺,互惠互利。国君能和商人盟誓,那就是把商人地位提到与国君对等地位,别的诸侯国,士农工商序列,商人最低,在郑国商人最高。比如后来的秦晋崤山之战中的郑国爱国商人弦高,与国君肝胆相照、荣辱与共。

二是地理位置。郑国的位置比成周洛阳更中心,是诸侯国中的白菜心，交通便利，四通八达，东边这些齐、鲁、宋、卫、陈，南边的吴、越等诸侯国，要朝拜周天子，都得借道郑国，也自然成了商贾云集之地。

还有一个难以启齿的原因：郑人"男女亦亟聚会，声色生焉"，因此倡优行业非常发达，史称郑卫之风。理学大伽朱熹就对《诗经》中郑卫之风猛拍板砖，骂曰：《诗经·卫风》是男悦女之语，《诗经·郑风》皆女惑男之辞。清代魏源在其《江南吟十章》有诗曰：城中奢淫过郑卫，城外艰苦逾唐魏。郑卫淫靡，春秋皆知，正是这种淫靡之风吸引南来北往的贵人商贾扔钱耍乐，于是京城繁华起来。

人过散财，雁过拔毛，郑国暴富了。京城就是春秋版的深圳，也是"桓公寄孥"的移民城市，活力四射、人丁兴旺，于是郑武公不得不大兴土木，圈地围城。《周礼》中对天子和诸侯的都城进行了严格的规划，其中规定天子都城十二里，公国都城九里，侯伯国都城七里，子男国都城五里。通过这种都城建制，让天下人都明白，周天子才是一哥。再者，礼乐攻伐自天子出，这是君臣行规，郑武公攻伐略地、扩建都城，这就已经开始了礼乐攻伐自诸侯出。周平王坐不住了，毕竟他还是一哥，于是收回虎牢关以东的赐地，算是敲打一下郑武公。

诸侯要发展，周礼要限制，春秋时期的主要矛盾就这样产生了，发展和周礼碰撞的结果就是礼崩乐坏，逐渐地，周王室天下共主的身份慢慢下降到今天联合国的地位。

周天子耍淫威，郑武公使小性子，要不然忒没面子。周平王六年，也是郑武公六年，即公元前765年，郑武公搬家了，国都迁到了东南方的郐城，位于今河南省新密市曲梁乡大樊庄古城角寨村。这样京城在北方，是郑国的经济中心，郐城在南方，是郑国的行政中心，还有一个副行政中心，在更南边的栎邑，即现在的河南省禹州市。

离老大远点，自己就是老大。

3. 绝命苦肉计

周平王八年,郑武公又打起另外一个南方邻居——胡姓先祖胡国的主意,这次郑武公出了个狠招:绝命苦肉计。

他先把自己的女儿嫁给了胡国国君,胡国正求之不得,巴不得通过联姻找到个大靠山。

强邻无事献殷勤,不祥之兆。

郑武公与群臣议事抛出主题:郑国要发展,怎么办?

这时候郑武公平时最宠幸的谋臣关其思,大胆直言:打胡国。

郑武公大怒:胡国那可是我的女婿之国,立刻将关其思斩首,昭告全国,并将关其思的人头送给胡国国君。胡国感动了,非一般的感动。郑国先是送女儿,再送对胡国图谋不轨之人的首级,这简直比亲爹还亲,就差奉上国君大位了。胡国前几年担心自己步邻国后尘,现在看来是杞人忧天,于是消除了对郑国的一切戒备之心。郑武公就趁其不备,举兵吞并胡国。

念于翁婿之情,郑武公抢地不杀人,允许这位亡国之君带领残部,离开老家,即今天的河南漯河市舞阳县胡城集村,远走他乡,胡国从此迁至安徽阜阳。二百多年后,《春秋》又出现胡国记录,孔子以"胡子"相称,以此推断,胡国爵位是子爵。

郑武公的确是个猛人,又狠又毒。这次拿自己女儿当诱饵,宠臣人头当礼品,图谋女婿国胡国,确实让人匪夷所思,这个苦肉计也太苦了,从古至今绝无仅有。

非常之人,必有非常之举。

但是郑武公并没有在历史上留下恶名,相反美名远扬。现在的荥阳城东南角檀山脚下、郑上路与310国道交会处的三角地带,坐落着郑氏三公的紫铜雕像,其中碑文对郑武公的彰美之词格外凸显:"武公,保平王东迁,兴灭国,存周祀,功莫大焉。建都开疆,奠郑国四百年基业,雄才大略,谦俭恤民,国人感颂,献以《缁衣》之章。"

《缁衣》出自《诗经·郑风》,历史上一直认为这首诗是对郑武公谦俭恤民、勤能德政的赞美,而且诗中口吻出自妇人。民间对郑武公极为尊崇,纷纷用带"武"的地名来纪念,如广武山、原武、阳武、武德、修武等。看不出人们对郑武公恩将仇报、鹊巢鸠居、坑女婿、杀良臣有半句恶语,这因为胡国、郐国、虢国的国君贵族真不怎么样,老百姓巴不得他们倒台,郑武公算是替天行道。

"前华后河,左洛右济,主芣、騩而食溱(zhēn)、洧(wěi)",这是史书对郑国疆域的描写,黄河、洛水、济水、溱水、洧水已被郑武公收入怀中,其父郑桓公设想的"郑国梦"的宏图大略已经梦想成真。

洛水，即今天的南洛河，在河南巩义段流入黄河；济水，古水名，曾经流经荥阳，如果没有断流，绝对可以包装成5A级景区。根据记载，济水发源河南济源市，济源因此而得名，它的奇特之处在于三段是地下河，时隐时现，神秘莫测；溱水、洧水，古水名，消失于历史之中，现在新郑市的洧水公园算是对这条河流的追忆。

此时的郑国版图北跨黄河，南抵许昌，西扩嵩山，基本上覆盖了今天荥阳、新郑、新密、巩义、长葛、禹州全境，包含大部分郑州市和部分许昌市与漯河市。

"溱与洧，浏其清矣；士与女，殷其盈兮。"这是《诗经》关于郑国男女青年在溱水、洧水河畔相约相戏的描写，此时郑国的区位中心已经南移至今天的河南新郑，溱水和洧水成为郑国的母亲河，国泰民安，其乐融融。

第六章

手足相残

1. 处心积虑

公元前761年,即周平王十年,郑武公当新郎了。十年前申侯为了弥补对郑桓公之死的愧疚,将女儿许配给郑武公为妻,此时已经女大当嫁。虽然郑武公膝下有女已下嫁,但这次才是大婚,因为这次娶的才是夫人,以前的事只是男女之约。周礼规定:选贵不选贤,申侯之女贵为姜姓,方可成为郑武公的头牌夫人,史称武姜。

武姜婚后七年间先后为郑武公生下两个儿子,长子难产,取名寤生,一看这名字就知道,这儿子还不如不生;少子顺产,取名共叔段,"共"同"恭",这名字一听就是亲妈的乖宝宝。

难产放在现在就不是个事,但在古代那可是做娘的鬼门关,难产孕妇的死亡率极高,有的说十之有三,俗话说"儿奔生,娘奔死"。

寤生少年老成,不受武姜待见,共叔段伶俐俊俏很受宠爱,于是武姜就一直在郑武公跟前吹枕边风,说少子共叔段贤德,应该立为世子。她大概忘了当年周幽王废长立庶的教训,再说郑武公去世时共叔段才十岁,何来贤德。

如果这事发生在现在，武姜妈妈会被网友人肉搜索，吐槽拍砖。

《左传》隐公十一年有记载：郑庄公承认"父兄不能共亿"，看得出郑武公的确也不怎么待见这个儿子。

好在郑武公才是真贤德，直到死都没答应武姜请求，他是周幽王废长立庶、惨死骊山这段历史的见证人。公元前744年，周平王二十七年，郑武公撒手人寰，在位27年，年方十三岁的长子寤生继位，是为郑庄公。

按理说十三岁的少年，基本上啥事都是妈说了算，但郑庄公却表现得少年老成、隐忍不发。继位第二年，武姜妈妈就让郑庄公把制地分封给共叔段，制原来是东虢国的地盘，制地扼守天险虎牢关，进可攻、退可守，而且和现在的郑国国都——郐城相距较远，一个西北，一个东南，可以分而治之。毕竟本来就是两个诸侯国：东虢国和郐国。武姜妈妈可谓用心险恶，果如其愿的话，最起码又是个二王并立的局面。郑武公寤生不傻，知道自己亲妈欺他年少，便仗借手中君权给否了。结果武姜不甘心，再次要求郑庄公把京城分封给共叔段，京城是郑国的经济中心，也是郑国发家致富的老窝，郑庄公虽然表现得很无奈，但还是答应了。

他必须得忍，是隐忍。《春秋谷梁传》把郑庄公的这种隐忍称之为处心积虑。

郑庄公和共叔段虽然一母所生，但性格各异，一个内敛稳健、老谋深算，一个心高气傲、风流倜傥，一个是连亲妈都嫌弃，一个是万人迷。

共叔段就是个万人迷，《诗经》赞美其"洵美且仁"，特别是封在京城之后，他又从政商两界转攻娱乐圈，而且粉丝众多、人气超旺，每次出城打猎，民众相拥相随，万人空巷，人称京城大叔。用现在的话说，就是京城潇洒哥，是京城政界、商界、娱乐界的一哥。

关键这位潇洒哥还自命不凡，所以就蠢蠢欲动，又有武姜妈妈撑腰，干脆就对郑国的西北两个边境地区直接施下号令，气得这两个地区的行政首长去找郑庄公诉苦，郑庄公接着忍。

还是隐忍。

潇洒哥膨胀了，直接把这两个地区变成自己的封地，又把廪延占领。廪延是黄河古道渡口，现在的河南省延津县，是个战略要地，北邻卫国。

2. 多行不义必自毙

这时候以祭仲为代表的郑国臣子们就不干了，这明明又是个二王并立，基本上郑庄公的地盘就是以前的郐国，共叔段就是以前的东虢国，哥俩分而治之，于是纷纷进谏：共叔段的封地京城太大，已大大超过郑国国都的三分之一，这可是礼崩乐坏；武姜和共叔段贪得无厌，图谋不轨。

郑庄公冷冷地说：多行不义必自毙。这个成语也就是这么来的。

祭仲，郑庄公的黄金搭档，春秋之初杰出的政治家，忠奸各半，郑庄公成也祭仲，败也祭仲。祭仲也称祭足，所以网上喜欢称之为足疗祖师爷，但我查遍资料，也未听闻这位仁兄有过泡脚的绯闻。倒是根据他女儿雍姬的称呼，推断出祭仲姓姬，肯定和郑庄公都是出自姬姓的王公贵族，因为封地在祭，所以史上称之为祭仲。

有些史学家，包括左丘明都认为郑庄公奸忍，理由是共叔段之乱是郑庄公欲擒故纵，兄之不兄，弟之不弟，一方面示弱宽忍，另一方面韬光养晦，积极备战，在武姜和共叔段周围安插木马奸细。这才是真正的政治家，所谓大道藏奸，先得会装,当好"郑装公",共叔段也就是混个娱乐圈,真把自己当根葱了。

这时候出来一个搅屎棍子——卫国州吁,事情复杂了。

州吁是卫武公的孙子,没资格当国君,但他有个特点:好舞枪弄棒,带兵打仗,还有个缺点:施强好胜,奢侈放荡。放在当今那就是个小流氓。在春秋之初,因为有他爹卫庄公做后台,那就成了大流氓。当时卫国宰相石碏就预言卫庄公"庶子好兵,使将,乱自此起"。

公元前734年,也就是郑庄公十一年,卫桓公继位,第二年就忍受不了州吁这个流氓样,把他赶走了。流氓都有个特点:一是假仗义,二是拜兄弟,结果流亡在外的州吁就和共叔段成为好哥们。他们两个臭味相投,都想谋权篡位,而且这个州吁的流氓指数还很高,他竟然把石碏的儿子石厚收拢在自己麾下。

石碏感觉情况不妙,拍屁股走人,告老还乡了。

流氓一掺和,郑庄公有点小麻烦,对付共叔段这种娱乐明星,最有效的方法就是造谣下黑手,可要对付州吁这种流氓,用正手怕不除根,用反手怕惹身骚。

公元前722年,即鲁隐公元年,共叔段在武姜妈妈的支持和好哥们州吁的声援下,整顿兵马,准备干大事。这一年,鲁国的史官开始按照年、季、月、日记录各国发生的大事,后经孔子整理修订成为著名的编年体史书《春秋》。

这一年，百里奚已经横空出世，但还是个吃奶的孩子。

《春秋》头版头条：郑伯克段于鄢。

可惜太简单、太扼要了。后世史学家习惯上把《春秋》记述内容称之为经文，后人只能接着研究《春秋》、注释经文，而且大多注解重礼不重详。中国先秦以前的史书中，我认为《春秋》可信度最高，因为它最大的优点就是当时人记录当年事，可信度最高。

话说共叔段这位潇洒哥的一举一动全在郑庄公的掌控之中，郑庄公稳坐钓鱼台，就等弟弟咬饵上钩。以至于后人骂郑庄公老奸巨猾、缺乏厚道，认为"克段于鄢"就是哥哥给弟弟设的一个局。

共叔段准备偷袭郑城，武姜城内接应，郑庄公已从安插培植在京城多年的内应那里得到这位潇洒哥的行动计划，于是让大将子封(又称作公子吕，郑庄公叔叔)率领战车二百乘杀敌平叛。

左丘明这样记载："京叛大叔段。段入于鄢。公伐诸鄢。五月辛丑，大叔出奔共。"意思京城大叔共叔段偷袭郑城失败，京城又叛变投降了郑庄公，共叔段只能逃入鄢城，郑庄公继续攻打鄢城，五月二十三日，京城大叔共叔段兵败逃到共城，这回成了共城大叔，简称共叔。

共城所指的是共国,即现在的河南辉县,因为国小人稀,不好意思以国相称,所以对外称之为共城或共地。共国曾经在中国历史上最早实行共和制,国家老大选贤不选贵,民主治国,一向以来保持中立,从不干涉他国内政,三教九流喜欢共居于此,所以有点乱。

史上一直有两个疑问:

一、《诗经》记载共叔段在京城一直很有人气,"洵美且仁",颇受追捧,何来"京叛大叔段"一说?

二、共叔段的势力范围在以京城为核心的郑国北部,偷袭失败后他应该逃向北方,结果却逃向南方鄢城,一头钻进郑庄公的地盘,就是今天的河南省鄢陵县境内,与理不符。

仔细推敲,这恰恰是郑庄公的老谋深算,以他的政治智慧,既然知道了共叔段和武姜迟早谋反,那肯定早备先手,军事准备,外加政治拉拢,像京城大叔这样招摇拉风的人物,下黑手最有效,当然还不能搞刺杀,也不能先下手,不然就输理了,被国人耻笑。有人通风报信:大叔某月某日将偷袭郑城,说明共叔段身边有内奸。郑庄公这时候的部署应该是:大将子封埋伏候敌,然后控制武姜以免内乱,策反京城守将,掐断共叔段的退路,不能让他退守京城或撤到北部老巢,那是放虎归山。共叔段只能按照亲哥哥安排的套路走:偷袭失败想撤回京城,京城已归顺郑庄公,想往北走有截兵,只能带着残兵败将往南逃到鄢城，被围兵败，带领三五随从，从南往北辗转整个郑国逃到边境共城。

这样推理，以上疑问就不是疑问了。

共叔段的确没死，只是逃亡了，《左传》隐公十一年，也就是十年之后，郑庄公对许国大夫衷心言表"寡人有弟，不能和协，而使糊其口于四方"，看来直到十年后，共叔段还在游走四方。

《史记》这样描述："郑伯弟段攻其兄，不胜，亡，而州吁求与之友。"意思共叔段逃往共城后，州吁才请求结为哥们，这实在不符合逻辑。应该是州吁先流亡，结识共叔段，京城当时是亚洲第一繁华艳都，是州吁这种流氓理想的栖身地，京城大叔共叔段先有恩于州吁。

这一对难兄难弟都还在，所以，这事没完。

共城是郑卫交界的边境小城，相当于今天的城乡接合部，正是共叔段和州吁两个郑卫流亡大亨再次合作的最佳基地。郑庄公这时已把武姜亲妈发配到郑国最南边的城颍，即今天的河南省临颍县，并放下狠话："不到黄泉不相见。"对于弟弟共叔段也不好赶尽杀绝，名声难当，就任由共叔段蜗居共城。这样，共叔段和武姜，一个最北一个最南，中间是郑庄公。为防止二人再次结合添乱，郑庄公处处工于心计。

州吁在卫国影响力颇大，又领着共叔段的儿子公孙滑到处游说,描述郑庄公弃母杀弟,大逆不道。周礼倡导六德:知、仁、圣、义、忠、和;六行:孝、友、媚、娴、任、恤;六艺:礼、乐、射、御、书、数。郑庄公无仁义、失忠和、大不孝,结果把卫桓公忽悠动了,准备教训一下郑庄公,就派兵把廪延给占了,与其说占领不如说共叔段献城,因为廪延本来就是共叔段的地盘。

老郑怒了:卫国敢跟老子斗,你还嫩点!

郑庄公可是周王朝的卿士,现代版的内阁总理,虽然郑国事多,很少在周王朝在岗上班,但周平王也惧其七分。就在一年前,郑庄公长期离岗,不在周王朝做事,但又挂着卿士的名,周平王就想分权一些给南虢国一哥虢公忌父,这事让郑庄公听到了,就去质问周平王。周平王马上矢口否认,为了以表诚信,周郑竟然互换人质,周平王把太子狐送到郑国,相当于我们当年的知识青年上山下乡,体验生活、锤炼革命意志;郑庄公把公子忽送到周王朝,美其名曰:学习王道,接受高等教育。这就是历史上著名的"周郑交质",从此,周王颜面尽失。

于是郑庄公联合虢公,虢郑联军伐卫,结果不了了之,但是郑、卫间隙由此而生,兵戎数年。

3. 黄泉会母

经过此事，郑庄公还真是领教了：家不和则国不兴。身为国君和周王朝卿士，却背负着一个弃母杀弟、几乎六亲不认的骂名，长此以往，人心不服，霸业难成。

郑庄公是一位深谋远虑的政治家，这一点他老爸和他爷爷望尘莫及，通俗地说，郑武公一个字：狠；郑庄公一个字：贼。他用欲擒故纵计让京城大叔和武姜亲妈终于翘起了大尾巴，又将计就计让这对母子钻进了早已设好的局，避免了一场兄弟骨肉相残、杀敌一千、自损八百的两败俱伤结局，那样的话，郑国两代先君和革命先烈抛头颅、洒热血换来的郑国中兴就要断送在这兄弟两个的火并中。就这一点来说，武姜怂恿两个亲生儿子互相撕逼，家之不幸，国之不幸。

还好，郑国国力未减。

正在郑庄公反省如何挽回自己仁和孝贤、为人师表的国君形象时，颍考叔出现了，于是就出现了历史上最经典的一幕作秀表演"黄泉相见"。

颍考叔是颍地的地方官，人称"孝友"，以忠贤仁孝闻名于郑国。万恶淫为首，百善孝为先，子不嫌母丑，子不嫌母过,这是中国传统的价值观。颍考叔就是因为孝顺,几乎被传颂成了历史男神。现在河南登封市嵩山八景之一的"颍水春耕",和每年农历二月二在当地颍考叔祠附近举行的"庆丰节"庙会,颍考叔都是历史代言人。颍考叔的事迹也被搬上了昆剧舞台,苏轼也曾写过一首不太出名的诗《颍考叔祠》。

这位男神最成功、最出名的贡献是他导演的历史剧"黄泉会母",剧情是这样的:

郑庄公在酒席上给颍考叔赐肉一碗,颍考叔当即请示能否将此肉打包回家孝敬自己的老母亲。郑庄公于是假惺惺地感叹自己也有孝顺老母之心,无奈有言在先:不到黄泉不相见。于

郑庄公黄泉会母

是颖考叔就排演了一出话剧：掘地见母，在一泉水边挖一地洞，让郑庄公和武姜在地下黄泉边相会，一释前嫌。

《左传》分别给两位主角安排了台词，郑庄公道："大隧之中，其乐也融融。"武姜回："大遂之外，其乐也泄泄！"看得出，郑庄公看重隧洞之中给自己台阶下，武姜更看重隧洞之外重拾国母之位。

其实，颖考叔只是顺水推舟。郑庄公是春秋时期著名的政治家，他最清楚连自己亲妈都不认会有什么后果。他不但认了妈，也再没有对弟弟共叔段赶尽杀绝，还让公孙滑继承共叔段的封地。

黄泉会母这出戏太精彩，以至于被搬上荧幕，1963年香港电影《黄泉会母》隆重上演。

第七章

庄公小霸

1. 周桓王的第一把火

郑庄公"黄泉会母"的两年后,发生了一件不大不小的事:公元前720年二月,发生了一场日全食,天象不吉,《春秋》和《竹书纪年》均有记载,这是中国历史上有关日全食的最早记录,二十多天后,周平王"崩"了。《礼记·曲礼下》记载:"天子死曰崩,诸侯死曰薨,大夫死曰卒,士曰不禄,庶人曰死。"周平王死了,必须称之为"崩",形容皇帝之死犹如山崩地裂,可是周平王之死却很平常,诸侯都没当回事。《礼记·王制》规定:"天子七日而殡,七月而葬。"周平王三月去世,眼看到了九月还未下葬,是没钱安葬,只能找诸侯凑份子,为此,周王朝大夫武氏子专程出访鲁国,筹办周平王的安葬费。

周平王生有二子,老大姬泄父没活过他爹,早死了;于是老二姬狐领衔做太子,还在郑国做人质,听到噩耗伤心气绝,追随周平王去了。由于太子狐还未继位,所以他的死只能称之为"薨"。这父子俩几乎同时一"崩"一"薨",王位只能由长孙,即姬泄父之子姬林继承,史称周桓王。

据统计:中国皇帝的平均寿命为三十九岁。周平王在位五十一年，绝对高寿，能把两个儿子活死过去了。这哥们心态好，不求有功，但求无过，历史上对周平王的谥号封得相当恰如其分，周平王是老好人一个。

周桓王上位，新官上任三把火，他的第一把火先烧郑庄公。郑庄公身为王朝卿士，长期不在岗，并且羁押周桓王叔叔太子狐作为人质，弄得周王朝脸面尽失。周桓王可不像周平王扭捏软弱，直接大胆分权，启用周王朝的传统势力：虢公序列和周公序列，当时的代表人物是虢公忌父和周公黑肩。

此时的郑庄公正值政治生涯的青春期，踌躇满志，岂能忍受少主子如此冷落，于是派大臣祭仲在周郑边界排兵布阵挑衅周桓王，相当于现在的军事演习，壮我军威，宣示主权。周王室尿了，只能任其滋事，周王朝也腾不出兵力和精力应对，关键周桓王的爷爷和叔叔刚刚一崩一薨，尸骨未寒，国葬当前。祭仲领兵也只敢咋咋呼呼，不敢实质性拿刀动枪。春秋时期，诸侯国葬期间都不能兵戎相欺，那比现在的趁火打劫还可耻，《司马法》明文规定：用兵"不加丧，不因凶"，何况是周天子国葬。祭仲也不想空手而归，于是农历四月在温地，即现在的河南省温县，把属于周天子的麦子收割归仓了，秋天继续得寸进尺把周天子的谷子收走，颗粒归郑。

看来春秋时期的麦谷种植技术已经相当成熟了，直到将近三千年后的今天，中原一带冬小麦、秋谷子的成熟期，和郑庄

郑国抢割了周天子的麦子

公收割周天子庄稼的历史记录日期是一致的。

　　这对周桓王来说是屋漏偏逢连阴雨，正在筹备钱粮，国葬祖父和叔叔，庄稼又被郑庄公抢收了，粮食可是春秋时期的硬通货，于是才找诸侯要安葬份子钱，《春秋》曰：求赙。

　　这事郑庄公做得有点霸道。周桓王夺其权，那是出于王之本分，他抢收周天子庄稼那就是过分了。

　　从此，郑庄公和周桓王杠上了。

2. 东门之役

郑庄公正在得意之际，国门起火了，这放火的人还是自己弟弟的铁哥们——州吁。

州吁的流氓行为得逞了，他纠集卫国在外的一群流氓，回国弑杀了他的同父异母哥哥卫桓公，并且当上了卫国的一哥。可怜的卫桓公也算创造了一个纪录——春秋第一个被刺杀的国君。

州吁是个流氓大亨，嗜杀好兵，他当上国君之后，纠合他的得力干将——石碏的儿子石厚，维持统治的手段依然是这两招：对内如有不服杀到你服为止，对外稍有睚眦即兵戎相逼，似乎有点像他的祖先周厉王，最终下场也相似。《左传》创造了一句成语"众叛亲离"来形容州吁当国君的处境。州吁经过反复杀戮，感觉到通过淫威还是不能建立自己的君威。州吁是个聪明人，也懂点用兵之道，于是他打算发动战争转移国内矛盾。

州吁准备教训一下郑庄公，树立威信。

他选择攻击郑国有两个原因：一是郑卫有前嫌，卫桓公和郑庄公之前就干过一仗，州吁师出有名；二是替州吁的好哥们共叔段出头，扳倒郑庄公，共叔段上位，那郑国就成了州吁的势力范围。

为了虚张声势，州吁邀请宋国、陈国、蔡国共同出兵，于是这群联合国军"围其东门，五日而还"，这就是史上有名的东门之役。

到底这帮四国联军有多少人？只围了个郑城东门。

或者说，郑城有多大？四国联军只围了个东门。

《左传》有句话：都城百雉，国之害也。"雉"是专门表述城墙的计量词，方丈为一堵，三堵为一雉，也就是说城墙高一丈、长三丈为一雉。商朝时期一丈约为1.69米，相当于一个成年男子的高度，所以成年男子也叫丈夫。周朝时期一丈约为2.31米，以此估算的话，百雉之城也就相当于最多不超十万平方米的现代住宅小区。

四国联军也就围了个东门，看来并没有几号人马，不能围城，也只敢围东门，因为卫、宋、陈、蔡四国依次从东北到东南，围堵在郑国的整个东部边境，东门距离最近，看来不敢围西门，怕被断了后路。

四国联军的确比较菜，也无心恋战，五日即散，哪儿来哪儿去了。

3. 死有余辜

东门之役州吁没捞到便宜，没在卫国人民面前打出威风，有点不甘心，于是继续撸起袖子加油干。他通过宋国动员鲁隐公加入他的伐郑诸侯联军，鲁隐公不同意，因为州吁名声太臭，鲁国不管怎么说也是礼仪之邦，不愿与之为伍。

但此时掌握兵权的公子挥是个好兵之徒，史上也称作羽父，暗通州吁，臭味相投，竟然私自出兵。以州吁为首组成了诸侯联军，这支联军所拥有的大后方国土面积相当于四个郑国大小，这是春秋以来参战国最多的一次军事动员，要是其他国家早就认怂了，割地乞降。但郑国不一样，自打从陕西举国移民到河南这五十年以来，几乎就干了三件事：打仗、做生意和抢地盘，从上到下战备是常态，越打越精神，周天子不惧，何惧这帮乌合之众？结果这支诸侯联军战不能胜，退无颜面，拖到了秋天，收割了一些郑国的谷子，充实了一下军饷作鸟兽散，各自打道回国了。

流氓大亨州吁经过两次发动诸侯联军伐郑，结果都是碰了一鼻子灰，主要大家想法各异。诸侯联军中大哥是宋国，客观上宋国是中原大国，主观上宋国就是想和郑国过不去，陈国和卫国是传统的联姻结盟国，蔡国是跟着陈国跑。

宋国和郑国过不去，主要因为公子冯。公子冯就是以后的宋庄公，公子冯的父亲宋穆公、伯父宋宣公是春秋时期的模范兄弟，互亲互爱、肝胆相照，有点像三百年前的孤竹君子伯夷与叔齐兄弟俩。十年前宋宣公临死前，并没有把位子传给自己的儿子与夷，而是让自己的弟弟也过把瘾，就是宋穆公。宋穆公临崩前，为报兄恩，就把国君位传给了自己哥哥宋宣公的儿子与夷，即宋殇公。但自己的儿子公子冯在宋国的人气远远超过宋殇公，以防内乱，他就把公子冯送到郑国做寓公。但是春秋时期有个规律，储君在外流亡的，个个都成虎成狼，州吁也算其中一个；在国内的，常常是酒囊饭袋，甚至被家臣所房。

宋殇公上位后，总觉得这个公子冯是个大威胁，或者除掉，或者圈养在自家院子里稳妥些。郑庄公对这个公子冯如获至宝，把他当成以后对付宋国的秤砣。其实郑庄公收留公子冯，就是做了一回风险投资，十年后，事实证明老郑慧眼识货，这笔风投赚大发了。

大家心怀各异，郑庄公就各个击破。暂时转移公子冯离开郑城，宋国失去目标，跑路回国。陈国容易搞定，上计为间，只须提醒一下陈桓公，州吁是杀死你外甥的凶手，你看着办吧。

原来被州吁刺杀的卫桓公姬完的亲生母亲是陈国公主戴

妫，戴妫随姐姐厉妫被卫庄公双双纳妾。卫桓公的养母是历史上被孔子用"绘事后素"来形容的春秋第一大美女——齐国公主庄姜，齐前庄公的女儿，春秋三小霸之一——齐僖公的妹妹，春秋著名姊妹文姜和宣姜的姑姑。庄姜之美，美在才色双绝、品貌兼香。《诗经·国风·卫风·硕人》就是卫人以庄姜为国母而引以为豪所作，"巧笑倩兮，美目盼兮"，脍炙人口，流传至今。据考证，《诗经》中五首为庄姜所作，其中《国风·邶风·燕燕》是卫桓公被州吁刺杀之后，戴妫失去依靠，离开卫国回南方娘家陈国，庄姜依依送别所作："燕燕于飞，差池其羽。之子于归，远送于野。瞻望弗及，泣涕如雨。"

至简至美，至真至切，这首诗流传了两千多年，感动了两千多年，看来卫桓公的生母和养母是闺密。

出于结盟考虑，国事优先，私情暂存，陈国出兵了，但出兵不出力，可怕的还在后面等着州吁，出来混的，欠的迟早要还。

蔡国是可以忽略不计的，大国夹缝中的小国，谁都不敢得罪，只是个跟屁虫，"月亮走，我也走"。

郑庄公政治加军事一起发力，诸侯联军瓦解了，州吁还得另辟蹊径、稳定江山，于是指使得力爪牙石厚向老爸石碏问计。老臣自有老谋，石碏告诉儿子石厚：军事解决不了的，就得用政治解决；打仗解决不了的，就要用祖宗的礼制解决。如果周天子能册封州吁为卫国国君，国人自然拥戴。你们可以通过陈桓公去疏通周天子，走走后门，获准朝觐周天子，获得册封，陈桓公正深受周桓王宠信。这有点像一千多年以后的欧洲，想要当皇帝，先问问教皇同意不同意，只有拿破仑最牛，撇开教皇，自己走马上任当上了法国大皇帝。

州吁和石厚立即行动，哥俩备厚礼前往陈国拜见陈桓公。

同时，石碏通过卫桓公的生母戴妫传话给陈桓公：这两个逆贼逆子，是杀死我先君、也是你外甥的凶手，好兵嗜杀，在卫国已经众叛亲离，罪孽累牍。我已年过七十，有心无力，况且卫国狭小，难以行动。我愿意大义灭亲，请求陈桓公诛杀州吁和我的亲儿子石厚，替天行道。

公元前719年九月，趁州吁和石碏前来拜见之际，陈桓公扣押监禁了这哥俩，陈国不愿意承担杀名，就通知石碏前来领人，自行裁决。石碏指派右宰丑前往陈国濮地，趁进献食物之际，杀死州吁，又派他的管家獳羊肩灭杀逆子石厚。

十二月，卫人拥立在邢国做人质的卫桓公之弟公子晋回国继位，是为卫宣公。卫宣公臭名昭著，最大的特征就是好色，继母、儿媳妇都不放过，在王安石的"扒灰"之前，文化人把公公和儿媳妇乱伦称之为"新台"，这个称呼就是卫宣公搞出来的。卫宣公是春秋时期少有的龌龊名人，淫后妈、抢儿媳、杀亲子，卫国从此国运日下，这是后话，暂且不提。

石碏，春秋时期第一位大义灭亲的爱国者。如果没有被石碏大义灭亲所感动，陈桓公也许难以痛下决心，出手相助。

州吁死有余辜，更可悲的是州吁弑兄篡位算是白篡了，卫国人根本就不承认自己曾经有过这么一位国君，死后没有追封任何谥号。相比同时代的其他同僚，美谥都用烂了，几乎个个都是"桓公""庄公""襄公""宣公"，甚至同一个谥号重复使用，历史学家只能在谥号前加个"前"字区别，比如"卫前庄公"。

为什么？周礼失效了。

做人做到州吁这地步，造出了一个成语"众叛亲离"，也算实至名归了。后来春秋对这种半成品的国君，统一给了一个谥号"废公"，卫国高产"废公"，前后出了两个，州吁就被称为"卫前废公"。

4. 制北之战

州吁被杀，郑庄公不解恨，本来郑、卫两国的前辈郑武公和卫武公携手抗戎勤王，在周王庭同朝为卿，有着深厚的革命感情，但卫国翻脸在前，先是卫桓公抢郑国的廪延，接着卫前废公州吁发动诸侯联军伐郑，搞了一场东门之役。于是州吁被杀的第二年，公元前718年，郑庄公开始复仇了。

郑庄公采取的策略是：又打又拉，各个击破。先是向陈国示好，厚礼相送，申请结盟，陈桓公礼照收，不结盟，郑庄公目的达到，缓兵之诈。

宋国，正忙着欺负旁边的邾国，可以不理。

蔡国，国如其名，一个字形容就是"菜"，是一个可以忽略的国家。

卫国，新君继位，百废待兴，而且还在办丧事，因州吁之乱，卫桓公还未入土为安。

机不可失，郑庄公动手了，鲁隐公五年，"郑人侵卫牧"。牧，指的是城的近郊，《尔雅·释地》曰："邑外谓之郊，郊外谓之牧，牧外谓之野，野外谓之林，林外谓之坰。"看来郑国军队已攻到朝歌城外，就差围城了。卫宣公急忙向宋国、陈国告急，宋国忙于欺负邾国，无暇顾及，陈国已经服软，不想添乱，情急之中，卫国拉上南燕国救急。

燕国，大家都熟悉，周武王之弟，召公姬奭的封地。南燕国，名不见经传，一般人搞得有点蒙，有句成语典故"梦兰之喜"，意指怀孕之喜，与南燕国有关。南燕国地处现在的河南省延津县东北45公里，姞姓古国，黄帝后裔，郑国历史上第九位君主郑穆公的姥姥家就是南燕国，母亲燕姞，南燕国公主。燕姞嫁给郑穆公老爸郑文公做妾时，久不得子，某日忽然梦见自己祖先手持兰花相赠，醒来之后发现自己有了"梦兰之喜"，所以生子后取名为"兰"，兰就是后来的郑穆公。

南燕国从现在的地理位置判断，处于宋、卫、郑的交界处，与虎牢关相近。《左传》记载："郑人侵卫牧。""侵"则表明郑国军队已攻进卫国境内，但这一仗历史上称为制北之战，因为主战场在制北，这一点毫无疑问。制在郑国境内最北，卫国更北，制地原来是东虢国的地盘，最大的优势就是扼守虎牢关，被郑武公鸠占鹊巢之后成为郑国的御敌天险。武姜曾向郑庄公索要制地，作为共叔段的封地，郑庄公以郑国门户、兵家重地拒绝了。

可想而知，南燕军队并没有向北直扑卫国朝歌解围，而是杀向郑国制地，意在掐断侵卫郑军的退路，这是春秋版的围魏救赵，也是一招好棋。郑庄公棋高一着，他派大将祭仲、原繁、泄驾摆开架势，率三军正面迎敌，暗中派遣大儿子公子忽（字曼伯）和二儿子公子突（字子元），二位公子偷偷率领制地虎牢关的军队绕到南燕军队背后，趁其不备，发动袭击，双面夹击，燕、卫联军大败。

郑庄公一战成名，四月出兵，六月凯旋，制北之战成为春秋战争的典范，左丘明点评："不备不虞，不可以师。"这是中国战争史上较早使用迂回袭击的案例，可惜《春秋》记载得不够详细，因为那个时代讲究以德服人、以礼治国，刀光血战不合礼制，并非时代潮流。鲁隐公观鱼，《春秋左传》《春秋公羊传》《春秋谷梁传》都可以不惜笔墨，长论大论加特论，因为这关乎礼制朝纲，相反关乎生死战争，却寥寥几笔，匆匆带过，因为春秋讲究个先礼后兵。

春秋无义战，春秋也无血战。

中国春秋战争与此时地球另一端的西方，特别是稍晚一两个世纪的希波战争，以及之后的战国时期，都有一个很大的区别：春秋人道，只论胜负；西方惨烈，你死我活。春秋战争更像一场军事演习，点到为止，根本原因是春秋战争受到了礼制的制约，那个时期，礼制就是宪法，甚至比宪法更深入、更翔实，所以春秋战争基本上是在周天子脚下的兄弟掐架。战争礼仪是"伐不逾时，战不逐奔，诛不填服"，"不杀重伤，不杀二毛"，意思是不追逃兵，不杀重伤者，不杀老幼，不杀降者，打仗不能超过一个季度，所以春秋时期的战争死伤有限，尸横遍野、生灵涂炭的场景基本不存在。这比日内瓦公约足足早了2500多年，放眼当今世界，中国春秋战争礼仪比我们文明人更加文明。

正因为诸侯之间的战争大多数是姬姓兄弟在掐架，属于人民内部矛盾，所以老爸周天子对这种同门掐架的规模程序、出招定时都有要求，尽可能减少伤亡，因为人是硬通货，人数多少代表国家财富。

好比两个牧民干架，咋干都行，但不会去屠杀对方的牛马羊群，因为赶过来就是自家的。

所以春秋之战花架子比较多，就像现在的中国武术，练的多，打的少，可以强身健体，不适于打架斗殴，所以春秋各国经常受少数民族野蛮战争的骚扰，这些蛮族不受礼制约束，喝酒要醉，打仗要命。

收拾共叔段，郑庄公上计为间；制北之战，郑庄公上兵伐谋，是继伊尹之后首位不以冲杀决胜负的将帅。

卫国从此彻底尿了。

第八章

假命伐宋

1. 入郛之役

接下来该轮到宋国了。

宋国是大国，殷商遗民，人多势众。宋殇公正好刚刚欺负完邾国，邾国是鲁国的附庸，地址在现在的山东邹城境内，自称黄帝后裔，朱姓始祖，国小好斗，经常和周边打打闹闹。这次邾国被宋国一顿胖揍之后，直接投到郑国怀里，甘愿做伐宋的领路先锋。郑庄公正求之不得，直接打周天子旗号，"郑人以王师会之"，成立郑、邾诸侯联军，以宋国多年未向周天子朝贡为由兴罪讨伐，入郛之役开打了。

《左传》记载："伐宋，入其郛。""郛"字意为小城之外的大城，说明郑、邾联军进展顺利，攻破商丘外城。宋国是大国，大到郑国和邾国加在一起也不够宋国人多地广，竟然兵败城破，可见郑、邾联军久经沙场，练就虎狼之师。

无奈之下，宋国求救盟友鲁国。

鲁隐公和宋国使者玩起了幽默，这也是文言文记载古人少有的幽默。鲁隐公问宋使：王师打到哪里啦？宋使答：还没到国都。鲁隐公怒：我怎么听说王师已经攻破贵国外城，你却告诉我还没到国都，本来鲁宋两国共度国难、互不相欺，你们家的事我可不敢知道得太多啊。《左传》用语："非寡人之所敢知也。"

其实原因很复杂，后世有两种解释：一种认为宋使说谎，缺信失礼，惹怒隐公，《春秋》记载倾向于此，当然《春秋》是鲁国史官所写，当然以礼说理，粉饰鲁国；另一说法认为：邾国是鲁国的附庸国，是干爹和干儿子的关系，虽然历史记载这一对父子关系不怎么样，从这次邾国受宋国欺负后，不去找干爹鲁国，而是去找郑国复仇，看得出关系的确不怎样，主要因为邾国人小心大、国小好战，干爹难以管教。但中国一直就有个传统观念：我家孩子不乖归我收拾，其他人管不着。宋国就犯了这个忌讳，你欺负人家干儿子，干儿子傍了个大哥帮手自卫，结果你去找他干爹帮你打架，所以说宋国求救于鲁国，本身就难以成功。

好在郑庄公比较尊重春秋战争礼仪，注重征伐修养，而且还是以王师名义、周天子旗号，所以入郛则归，未破都城，算是给宋殇公留了半张脸，因为郑庄公还有公子冯这张牌，并不急于下狠手。

2. 长葛之围

宋殇公颜面尽失，宋国是大国，殷商后嗣，郑国只是个外来工、暴发户。在宋国眼里，周桓王就是个摆设，周桓王的卿士郑庄公，也就是个香炉，只有给它插根香的时候才冒烟，只有齐国和鲁国可以和他平起平坐。宋殇公已多年未朝见周天子，但齐、鲁两国却经常结盟约会。入郛之役虽未破城，但对宋殇公来说绝对是一种羞辱。而且又被鲁隐公的幽默黑了一把，宋殇公一气之下，与鲁隐公断绝外交关系。

要想找回面子，还得打。

于是在制北之战和入郛之役的当年，鲁隐公五年、周桓王三年、公元前718年十二月，宋国包围了郑国南部的长葛，也就是今天的河南省长葛市境内，长葛第一次以战争的方式走入了历史。

说来也可笑，宋殇公真要复仇，以牙还牙，以血还血，就应该直击郑城，但却偏偏选择长葛，原因有三：第一，宋殇公比较尿，不敢正面打。虽然宋殇公也是个好战分子，在位十年，大大小小十一战，打得兵竭粮空、民不聊生，但却是个欺软怕硬的尿包。第二，长葛对于郑国不痛不痒，地广人稀，宋国围长葛之后郑庄公的表现也凸显了这一点，郑国根本不理不睬，该干吗干吗。第三，长葛靠近陈国，陈国认宋国为大哥，在陈国边境作战等于在宋国边境作战，便于消耗。

宋殇公的真正目的：咱不蒸馒头争口气。

郑庄公心领神会，任由宋军包围长葛，置之不理，继续采取远交近攻的战略。宋人围长葛的第二年，他先是主动邀约鲁隐公，倡议结盟。鲁隐公不愧是春秋时期第一道德模范，能把自己未婚妻让给老爸，把理应到手的王位让给老爸和自己未婚妻生的小弟弟，这次他依然不计自己曾经被郑国俘虏的前嫌，应邀赴约，歃血为盟。实际上，鲁隐公和郑庄公的想法同出一辙，远交郑国，以图近攻宋国。

结盟鲁国之后，郑庄公着手收拾陈国。前一年，郑庄公主动示好，要他结盟，陈桓公同父异母的弟弟五父忠言劝他顺水推舟，睦邻友好，说了一句指导国际外交的至理名言：亲仁善邻，国之宝也。但陈桓公怕得罪宋国和卫国两位大佬，拒绝郑国善意。五父就是公子佗，后来杀陈桓公之子而篡位，声名狼藉。

郑庄公五月出兵伐陈，大获全胜。

郑庄公不愧是春秋小霸，能打仗、懂政治，处心积虑选择伐陈的时间。陈国仰仗的大哥宋国此时正在包围长葛，腾不出手救陈国，这就是郑庄公不在长葛与宋军决战的真正目的。

至此，东门之仇全报，只有宋国还在死围长葛，终于在陈国挨揍后的同年秋季，宋国占领了长葛。

郑国家门口宿敌基本肃清，郑庄公终于想起了周桓王。自鲁国史官有记录《春秋》的前五年，公元前722年至公元前718年，郑庄公是主角，几乎都是郑国在没完没了地折腾。郑庄公身为周王朝卿士，这几年忙于平叛打仗，无暇到周王朝报到履职，甚至连新老板周桓王都没见面打招呼，唯一亲密接触的就是派大臣祭仲领兵去温地耍了一回流氓，割了周桓王的麦子。

周桓王过的是富家穷日子，土地不过方圆六百里，比郑国还小，手中无权，家里缺粮，是年又逢饥荒，于是派大臣前往各个诸侯国买粮度灾。郑庄公积极响应，《春秋》中对此事大书一笔，予以表彰。

这一年，郑庄公作为成功人士首次觐见了周桓王，原本想有着先前出粮救饥的铺垫，或许能平息温地割麦的前嫌，结果没想到周桓王根本不领情，《左传》记载："王不礼鄢。"郑庄公碰了一鼻子灰，兴冲冲来，气呼呼走。

周桓王在历史上的记录只有雄心，没有雄才，而且雄心狭窄。他觉得他祖父周平王有点窝囊，本想改换周天子门风，结果自己手中没牌，经常要向诸侯们借钱借粮过日子。在西周时期，诸侯们朝拜络绎不绝，关键是诸侯来朝拜都不会空着手，周天子坐等收礼，临走的时候再给个表扬封赏。

说白了，周天子靠收礼过日子，诸侯们等着封赏过日子。

但现在形势变了，诸侯们都是自己打天下，周天子爱封不封、爱赏不赏，自己地盘自己打，朝拜的诸侯越来越少了，像郑国、宋国多年来就不露面。到了周桓王时期，根本就很难收到朝拜之礼了，日子越过越紧巴了。但周桓王不像他祖父周平王那样摆正自己的位置，他太把自己当周天子看待了，周天子其实就是个大众情人，只有被调戏的份，没有真爱。有一次周桓王要去鲁国访问，为了省点差旅费，竟然让鲁国派车马接送，好比现在某国元首出国访问，要求受访国派专机接送，那是国际大笑话。于是鲁国不爽，鲁国史官更不爽，记录在案。周桓王收礼收得少了，结果干了最为人所不齿的事，这哥们改为受贿了，所以说诸侯礼崩乐坏始于郑庄公，天子礼崩乐坏始于周桓王。

郑庄公国富民强，此次觐见，重礼厚拜，结果周桓王不忘前嫌，待之不礼。重臣周公黑肩，此时还未取代郑庄公做周王朝卿士，进言周桓王：周天子东迁，依靠的是晋国和郑国，郑庄公以礼朝拜，天子应以礼相待，加以鼓励，否则诸侯来朝觐见者将越来越少。

郑庄公是只老狐狸，天子不礼孤，孤可以礼他人，于是他放下身段，厚着脸皮忽悠宋殇公，请求结盟。在陈国挨揍的第二年，即公元前716年的秋天，宋殇公被忽悠动了，答应结盟。宋殇公要的是面子，既然已经拿下长葛，就已经挣到面子了，入郛之仇已报。问题是拿下来怎么办，长葛对于宋国来说是块飞地，靠近陈国，但还在郑国怀里，无法长期占领。既然郑国请求结盟，那就是求和，宋殇公巴不得就坡下驴，像当年鸦片战争中英和谈一样，大清道光皇帝用词"赐和"而不用"议和"，都是面子问题，宋殇公这回很有面子，应允结盟，退出长葛。

长葛之围，实际上只是宋国围住了长葛数月。

宋国与郑国暂时结盟，陈桓公坐不住了，大哥认怂了，小弟只能顺竿爬。前年郑国请求结盟，陈桓公拒绝了，结果去年迎来了一顿胖揍，只能主动请求，要与郑国誓血结盟，即使这样感觉自己还不够进步，于是又把女儿搭上，请求联姻。郑国公子忽此时还在周王庭学习，郑庄公也很给面子，第二年就召回公子忽，迎娶陈国公主。也不知道是礼官安排出错，还是公子忽年少性子急，《左传》描述："先配后祖。"相当于民间的先入洞房后拜天地，结果让史官们记录下来，贻笑《春秋》。当时陈国的送亲大臣金咸子蒙羞骂曰："是不为夫妇。诬其祖矣，非礼也，何以能育？"你懂的，这话够毒。

3. 祊换许田

鲁隐公八年，即周桓王五年，郑庄公二十九年，公元前715年，郑庄公一方面继续忽悠齐、鲁、宋、卫、陈等诸侯国，弃怨结盟，另一方面接着调戏周桓王，以报不礼之辱。

郑国有一块飞地靠近鲁国，地名叫祊（bēng）田，是周天子用来沐浴更衣祭祀泰山的场所，现在的山东省临沂市有一条河叫祊河，是沂水支流，"祊"字为祭祀专用字，祊田就在祊河流经的费城东南。周幽王时期，郑桓公是周天子卿士，既要操劳王庭事务，又要治理郑国，陪同周幽王祭祀泰山也是分内工作。有时周幽王沉迷酒色不愿意亲自祭祀，就由郑桓公代劳。郑桓公是周幽王的叔叔，周幽王体谅长辈，就把祊田封赏给了郑国，实际上还是天子祭祀泰山的专属地。祊田根本不在郑国境内，而在鲁国，现在看来就是一块飞地。

鲁国也有一块飞地，因靠近许国所以叫许田，位于今天的河南省许昌市，许田内有鲁城、周公庙。关于许田来历要追溯到周公旦摄政，周公旦身在周王庭日夜为周成王劳心劳力，但他的封地在鲁国，时不时也会给自己放个年假，回鲁国指导一下工作。而且当时已经决定营建成周洛邑作为陪都，于是周成王体恤周公旦来去辛苦，就把许田赐给了鲁国，作为周公旦的行馆，后来就作为鲁国国君觐见周天子的私人会所，相当于我们现在各地方省市的驻北京办事处，但当时只有鲁国有此特权。

鲁国还有一项特权：就是可以像周天子一样祭祀泰山，这也是周公旦的特权影响，是周成王特批，《史记》载："鲁有天子礼乐者，以褒周公之德也。"

祭祀泰山是各代帝王治理天下、国泰民安的象征，起源于黄帝，有点像现在的成功人士衣锦还乡、光宗耀祖，项羽说得好：富贵不归故乡，如衣绣夜行，谁知之者。虽然仪式宏大，升封望禅，但道理都一样，相当于现在的祭祖坟、修祖宅。帝王先沐浴更衣登泰山，在泰山之巅修祭坛，意思是通过修筑祭坛增加泰山高度，古人以上为尊，这叫封或升封，相当于平头百姓修祖宅、加砖添瓦；接下来在山下，找个最佳拍摄点、风水宝地，继续修筑土坛，望祭泰山，这就叫禅或望禅，意思是筑地修坛，增加地的厚度，地厚载物，逐渐演化成厚德载物，相当于现在成功人士回家祭祖坟。

此时的祊田和许田，使用率都很低，原因在于周平王、周桓王领导下的周王朝国运日下、风雨飘摇，有时候温饱问题都靠诸侯接济解决，出国访问还要求对方派车，哪有心思和情趣去祭祀泰山。而鲁国现在日子比周桓王红火多了，而且自认是礼仪之邦，祭祀泰山这种大任就应该我们鲁国承担下来。鲁国现在去周王庭请示工作的机会也少多了，此时的周天子已经威风扫地，再接下来鲁隐公遇害，鲁桓公继位，根本就不给周桓王打招呼，不用周天子册封，直接就职，所以鲁国对许田这个驻京办也就很少使用了。

郑庄公老谋深算，直接和鲁隐公协商：我们交换飞地，郑国在许田的周公庙里祭祀周公，你们鲁国在祊田祭祀泰山，各取所需。

祊换许田

鲁国是没有理由不答应的，首先，鲁国以祭祀泰山为荣，就差这块祊田就名正言顺了；其次，郑国哭着喊着要祭祀周公,周公可是鲁国的开山太祖。比方说有人哭着喊着要帮你孝敬你爹,而且还要买套房子送给你,你能不答应吗?于是就有了祊易许田的历史典故。

郑庄公和鲁隐公安逸了,周桓王疯了,这哥俩拿着周天子的封赏在互相交换,这好比大清朝任命了两位封疆大吏,临上任前,哥俩协商:你上任的地方是我老家,我上任的地方是你老家,干脆,咱俩交换一下。于是互换履职文书和官印,只当大清皇帝是空气。

而且这是在昭告天下:周天子从此不再祭祀泰山了,周桓王就是个败家子。

疯归疯,周桓王也无计可施,这是哑巴吃黄连。但周桓王也不是一头猪,只会挨宰,三月郑庄公提议祊易许田,夏季周桓王就任命虢公忌父做卿士。

郑庄公有点凉,周桓王登基初始,就要分他的权,这次来真的,直接任命了一个卿士,难道要废掉自己?看来老大被惹急了。

此时,在齐僖公的撮合下,郑国和宋、卫两国讲和,并在温地缔结瓦屋之盟。好事之人一直纳闷一件事:温地结盟可以理解,温地属于周,就是麦子被郑庄公派祭仲收割的地方,这和现在的国际通则差不多,谈判或缔约地点选在第三方,周天子的地盘当然是首选。为何又称瓦屋之盟呢?只能理解为在温地的瓦屋之下结盟，瓦屋就是用瓦盖的房子，这说明温地的绝大多数房子不是用瓦盖的，春秋时期大部分的房子应该都是茅草屋。

一般牛人是不撞南墙不回头，郑庄公是撞到南墙拆南墙。虢公忌父刚刚接到任命，八月郑庄公拉着齐僖公上朝觐见周桓王。如果是一般人，老大要收拾我，能躲多远躲多远，郑庄公真可不是一般人，直接找到老大门上来啦，而且还拉着另外一位大佬，这是逼宫。

4. 春秋又一小霸

齐僖公禄甫就是传说中的春秋另一小霸,老爸是齐前庄公吕购,吕购的谥号是齐庄公。庄公这个谥号太受欢迎了,吕购之后大约二百年,齐国又一位国君吕光也使用了庄公这个谥号,所以历史上就以齐前庄公和齐后庄公称呼来区别。

齐国是个另类,太公望姜子牙的封国,军人出身,治国理政不讲求繁文缛节,重利轻礼,按照行军打仗的思维方式:讲求效率,用实力说话。《史记》曾经记录了一个典故:周公旦理政时期,儿子伯禽被封在鲁国,三年后才回周述职。周公旦就责问为何拖延三年才汇报,伯禽答:"变其俗,革其礼,丧三年然后除之,故迟。"相反姜子牙被封在齐国五个月后就回周述职,周公旦就奇怪为什么如此之快,姜子牙回答:"吾简其君臣礼,从其俗为也。"

后来姜子牙听说伯禽述职的事之后,发表感叹:"呜呼,鲁后世其北面事齐矣!夫政不简不易,民不有近;平易近民,民必归之。"

齐僖公和郑庄公风格各异,老郑是个猛人,打仗能手;齐僖公是个摇羽毛扇的,职业外交家。郑庄公做郑国国君十四年后，齐僖公继承了齐国国君，他最擅长的就是结盟和结亲，齐国物华天宝出美女，妹妹庄姜是春秋第一美女外加才女，女儿文姜、宣姜美艳出众，远近闻名。这次郑、卫、宋瓦屋之盟就是齐僖公撮合的，齐僖公春秋小霸的头衔也是他摇羽毛扇摇出来的。但凡能帮别人说事撮合的，必须是大哥级的人物，齐僖公就是这个角色。主要这哥俩的背景差异太大，老郑是周王室的近亲，王庭卿士，齐僖公是异姓之人。周王室认为异姓之人必有异心，关键是在周夷王时代发生了一件特别狗血的事，周夷王听信纪侯的谗言，烹杀了齐哀公，就是以水煮活鱼的方式把齐哀公煮杀了。从此，齐国和纪国结下了世仇，和周王室也离心离德，周幽王被杀，平王西迁，齐国根本就不管不问。纪国偏偏就在齐国的眼皮底下，偎依在齐国的北边。纪国姓姜，和齐国同姓，据江湖传闻，齐纪两国本是同门所出，兄弟俩因为国界之争反目为仇。齐国一直对纪国虎视眈眈，只是当年国君给煮了，国运不济，内乱丛生，经过齐前庄公在位64年的励精图治，齐国民富国强。

当鲁国正在用周礼高标准严要求国民的一言一行时，齐庄公却要求简化周礼，依据生活习俗，解放生产力，"因俗简礼"，反正祖宗都让周王给烹了，不打倒周礼就很不错了，巫信迷信就更不用了。齐国比起中原郑国，地偏人稀，毗邻渤海，但拥有丰富的盐业和渔业资源，素有"齐之海隅鱼盐之地"的说法。据传世界历史上煮盐制盐第一人就是齐国人——夙沙氏。盐和鱼在那个年代可都是硬通货,特别是盐,重要程度胜似今天的石油,犬戎山戎杀人放火抢夺的第一战略物资。齐前庄公吕购瞅准商机,抓住机遇,一方面招揽巧工能人,煮盐制盐,另一方面自由通关,扩大出口,吸引了大量的自由人到齐国创业谋生。齐国走上了人进盐出,财通国富的中兴之路,因此齐前庄公和郑武公都被称颂为春秋之初的中兴之主。

齐僖公有老爸中兴治国打下的好基础,抬头看天,挺胸做人,这次和郑庄公手拉手上洛邑周王庭,就是要给小弟撑腰的,要不然以后怎么在诸侯之间邀约结盟、拉架说事。周桓王知道周王室愧对齐国祖上,现在的齐国可不是当年国君被烹时候的齐国,左手端着鱼,右手揣着盐,周桓王少了哪样都相当于今天的断水断电,一个齐僖公惹不起,老郑加老齐更是不敢惹。

有关如何逼宫历史上没有记载,因为臣下逼天子,与礼不合,耻于记录。但最终的结果是虢公忌父虽然当上了卿士,郑庄公也未被夺权免职,两个人都是卿士,一左一右。

老郑之所以力保自己周天子卿士身份,因为卿士可以挟天子以令诸侯,有征伐大权。他有一块心头恨,这就是宋国,没有卿士这把上方宝剑,郑国对付宋国有点力不从心。

这次瓦屋之盟,宋国是碍于齐僖公情面,本来就是心不甘、情不愿的。在结盟之前，宋殇公用了一笔钱币贿赂了卫宣公，请求在瓦屋之盟前，宋、卫两国先在犬丘开个预备会，商量着如何对付郑国，这让郑庄公很不爽。

宋国是周天子册封的三恪之一。周初新立，为了彰显周王朝胸怀天下、高风亮节，站在道德的制高点，于是提出存亡继绝、礼敬先贤的高端理论，将前朝虞、夏、商的后裔封侯建国，分别是陈国、杞国、宋国，史称"三恪"。宋国是殷商后裔，是"三恪"中的大哥，开国国君是"殷末三仁"之一的宋微子，因此宋国自诩为资深贵族。现在周室衰微，而且周王庭就是当年自己灭国的仇人，按照周礼宋国理应要向周王室履行臣下侯服义务，宋殇公当然一百个不愿意，于是宋殇公不再朝拜周桓王了。周桓王也就是土地爷，靠贡品过日子的，现在宋殇公突然不朝贡了，影响实在恶劣，必须杀一儆百。

周桓王在位时干过不少糊涂事。

比如公元前718年晋国曲沃伐翼第三战，年头还派兵支持曲沃庄伯攻打晋鄂公，年尾就翻脸支持晋鄂公攻打曲沃庄伯。

比如对待郑庄公一会儿不礼，一会儿夺权，最后亲自领兵讨伐郑庄公，来了一场长葛大战，结果大败，自己还被射中了一箭，自取其辱。

还有更狗血的，楚国觉得自己国大爵小，有点委屈，于是通过中间人随国当说客，想把爵位提升一级，结果送礼太轻，被周桓王拒绝加封，楚国一气恼，一不做、二不休，退群！宣布脱离周王朝序列，自己直接称王。楚武公直接升级到楚武王，所以春秋时期其他国君都称国某公，只有楚国最牛逼，直接称楚某王，与周天子平起平坐，也算是个二王并立。所以有的历史学家认为楚武王称王是春秋元年，是春秋争霸时代的真正开始。

这次周桓王和郑庄公来了个哥俩好，联合起来准备把宋殇公给办了。郑庄公态度非常积极，宋殇公老仗着自己国大功夫深，这些年来一直拉着蔡、卫等二流小国和郑国冲突，郑庄公恨不能除之而后快。

5. 宋国被群殴

瓦屋之盟的第二年，也就是鲁隐公九年，公元前714年夏季，郑庄公吸取上次入郛之役的经验，还是打着周天子的旗号开始讨伐宋殇公。

郑庄公是政治高手、打仗能手，既然领王命伐宋，替周桓王出头，那就不是单单一个郑国的事。众人拾柴火焰高，于是他秋季紧急出访鲁国，冬季鲁隐公和齐僖公在防地会面，郑、齐、鲁金三角同盟正式生效，组成周天子领导下的春秋以来最强的诸侯联军，同时邀请蔡国、卫国、郕国入会。结果蔡国、卫国拒绝，理由是我们哥俩都是跟着宋国混的，郕国谁都惹不起，谁都不想惹：你们搞，我中立。

公元前713年夏季，三国联军开始群殴宋国，六月某日，郑侯、齐伯和鲁隐公又在老桃聚首，商量作战计划。宋国对付这三国中任何一国都困难，面对三国联军更无悬念，特别是这三国联军师出有名，结果进展顺利，郑军连取宋国的郜地和防地。郑庄公为了彰显自己不存私念，替天行道，把郜地和防地拱手送给鲁国，鲁国真是感动得不行不行的，直接在《春秋》中颂扬老郑："郑庄公于是乎可谓正矣。以王命讨不庭，不贪其土以劳王爵，正之体也。"

其实，郜地和防地靠近鲁国，对郑国和齐国来说就是一块飞地，送给鲁国也是顺水人情。按道理，领王命伐宋，分配战利品应受制于王命，这时候周桓王又一次给郑庄公戏弄了。

郜地就是郜国，姬姓诸侯，郜国有个特点，就是国小爵高，贵为三等伯爵，因为开国君主是周武王的弟弟、周文王的第十一子，人称郜硕父，辈分上高人一等，郜国封地在今天的山东省成武县东南的郜鼎集村。看到郜国遗址地名，基本上就可以明白，郜国的历史遗产就是郜鼎，史称郜史硕父鼎（后文介绍）。郜国还有一项发明专利——郜仲尊，是一种嘴大脖子粗的青铜杯，历代瓷器多有再版制作流传。此时的郜国已经混得灰头土脸，不好意思扛个伯爵大牌丢人现眼，所以自请降级。周天子实在不忍心再看当年这个老亲戚的穷酸样，于是，批准降为四等子爵，最后子爵也混不下去了，就直接偎依在宋国的怀抱，给宋国当了附庸，从此以后只能称为郜地。如果周武王能

郜仲尊

钻出坟头，看到当年自己的弟弟封国给殷商遗国当了附庸，非气得吐血不可。

春秋时期，王命征伐，很难看到一场说走就走、说打就打的战争，就像这次三国伐宋，足足酝酿了一年。这是因为春秋战争以约战为主，双方事先要协商约战，互递战书，商量好时间地点，特别是三国联军代表的是周天子，更要遵守战争礼仪。

前一年夏季整顿军队，第二年夏季才真正短兵相接，应战邀约协商了一年：先是有关开战时间，冬季不能打，人和马太冷太辛苦，夏秋季可以接受，虽然夏秋季是农忙时间，但是双方打仗的都是贵族和国人，种庄稼那是平民和奴隶的事；其二地点约定，疆战还是野战，疆战是在双方边境，野战是在城外远郊。既然参战双方以国人和贵族为主，大家都是有身份的人，打仗又是国际上很严肃的事，不能像流氓街头混战，必须讲文明、懂礼貌，不能太狼狈，否则让奴隶们瞧不起，公众场合不宜打仗，以免影响他人生产生活，要选择在地广人稀之处；最后约定此次战争范围，划城割地还是赔礼认厌。基本上是按照足球比赛的精神进行。

特别是约战的使者，备受尊敬，就像奥运会入场的旗手，那都是器宇轩昂之士。使者来下战书，对方必须以礼相待，武士列队，奏乐迎送，好吃好喝，相当于在国外元首面前展示三军仪仗队，壮我国威，壮我军威。

这就是周礼约定诸侯国之间的战争,大家都是周天子册封的姬姓宗亲,或是远祖文明后裔,禁止血腥厮杀,提倡文明打仗。但是,如果是和犬戎、北戎、西戎这些蛮族打仗,那就另当别论了。就在一年前北戎侵袭郑国,郑庄公亲自领兵抗戎,老郑担心戎兵打仗不按规矩办事:不约战、不列阵。公子突进言,大概意思是:杀什么牲口用什么刀,戎兵虽然不按照我们周礼打仗,但戎兵有一个致命的缺点,本性贪婪不团结,见钱就抢,见死不救。我们可以派小股兵勇御敌,与北戎先头部队短兵相接之后假装溃败,诱敌深入。途中我方预设三批伏兵,将戎兵先头部队和后续部队拦腰截断,再将先头部队前后夹击,戎兵胜易骄、败易溃,互不救援,各自逃命,这样用兵我军可胜。老郑按照儿子的排兵布阵,果然大胜。可见郑庄公四个儿子都随他爹,个个能争善斗,后来老郑挂了以后,四个儿子开始内斗,个个都当了一回国君,直到把郑国从春秋第一小霸做到三流诸侯国。

第九章

天下诸侯　莫非郑党

1. 顺手牵羊

宋殇公是个好战之徒，《左传》记载："宋殇公立，十年十一战，民不堪命。"

郑庄公比宋殇公早当上国君25年，久经沙场，就说近几年宋国和郑国之间，从东门之役、入郛之战、郑虢伐宋、长葛之围、郑齐鲁假命伐宋，几乎年年打，宋国也是几乎场场输。老郑和老宋不同的是：郑国越打越强，越打盟友越多，宋国越打越弱，越打盟友越少，于是江湖上流传一句话：天下诸侯，莫非郑党。

老宋自认为国大功夫深，睚眦必报，结果在国内成了孤家寡人，在国际舞台上也被孤立，连最亲密的传统盟友鲁国，现在也和郑国、齐国形成了统一战线，铆足了劲儿跟宋国干，背后还有周桓王亲自给这个统一战线站台。本来宋国和鲁国国力相当，文化底蕴类似，都自认为是知书达理的文化阶层，不像郑国和齐国，一个军阀、一个土豪，在宋国和鲁国眼里，他们自己就是阳春白雪，郑国和齐国就是下里巴人。结果鲁隐公还是和宋殇公翻了脸，说明宋殇公的确缺乏政治格局，好战好兵，也就是个街头斗士。

六月，宋国刚刚遭受了郑、齐、鲁三国联军的一顿胖揍，郑军还未班师回朝，宋殇公憋不住了，立即召集小兄弟卫国，重金利诱卫宣公出兵伐郑。卫宣公也不是第一次收受宋国的贿赂，况且和郑国已经有过东门之役和制北之战，收别人家礼，报自己家仇，快哉！爽哉！

宋、卫兵合一处、将打一家，趁郑军在远郊，准备偷袭郑国。结果宋、卫联军菜鸟一个，偷袭不成，变成强攻，强攻不下，不敢恋战，转为撤退。撤退一半，又不甘心，干脆来个顺手牵羊，找个垫背的出口恶气，于是又召唤来了另外一位小兄弟蔡国，围住郑宋边境的戴国，准备群殴。

戴国，郑国的附庸，国境在今天的河南省商丘民权县东北，夹在郑国和宋国之间，就像一个火腿三明治，宋殇公早就想吃掉它，无奈戴国主动投到郑庄公门下做附庸。有郑庄公这个春秋小霸罩着，宋国多少有点忌惮，现在时机来了，一报还一报。

戴国此时的国君叫戴叔庆父，能称作叔的那都是风流倜傥的潇洒哥，绝不是奴颜婢膝之辈，于是率众拼死抵抗。《左传》记载，三国联军七月围戴，八月初八都未能入城，只有两种可能：要不戴叔庆父就是戴坚强，要不三国联军就是猪无能。

八月初八，郑庄公气势汹汹杀到，连同三国联军和戴城一起团团围住，蔡国率先反水。第二天，三国联军纷纷认怂投降，春秋讲究文明打仗，避免杀戮，投降就是认输，就像现在输场球一样，投降不受道义谴责，也不会株连九族，所以打仗打不赢就跑，跑不掉就降，正常之举。

戴叔欢呼雀跃，大开城门迎接救星郑庄公。郑军一入城，立刻反客为主了，老郑摆出老大的姿态威胁戴叔：戴国朝不保夕，你已经保护不了这里的人民了，这个重任还是交给郑国吧。再说我大老远来救你，人吃马嚼的，花销不少，总得有个交代吧。

戴叔捶胸顿足，直呼上当，但也只能认输听命了，带领近臣和家人远走他乡，戴国从此灭亡。戴地人民为了纪念开国始祖，于是选择姓戴，戴姓的一个分支从此流传下来。戴姓的另一分支形成要更早六十年，起源于宋国的第十一位英明贤德的君主宋戴公，死后周平王亲自追授谥号"宋戴公"，传说他死后，宋国人民在其墓前长跪不起，爱戴至极，戴姓由此产生。

老郑顺手牵羊，取了戴国，还不善罢甘休，乘胜追击，攻入宋国，又好好教训了宋殇公一番，直到九月，择日凯旋。

冬季老郑和老齐不忘旧恨，两国率兵攻入郕国，教训郕国没给面子，曾拒绝加入三国统一阵线讨伐宋国，杀一儆百。卫国、蔡国都已经在戴城之战中为自己的错误买过单。郕国，周文王之子叔武的封国，地处齐鲁边境，国小人穷，本来想置身事外，结果还是摊上事了。郕国喊冤，鉴于郕国态度诚恳，认识深刻，老郑和老齐高抬贵手，放过一马，没有灭国。

2. 二士争车

齐僖公以前就是个摇羽毛扇的，专门说事拉架，调解结盟，鲁隐公就是一个私塾先生，教书育人，凡事都得说个礼，这也难怪，周礼就是鲁国的开国始祖周公旦创立的，在鲁隐公眼里，周礼就是宪法。现在齐僖公和鲁隐公跟着郑庄公打仗打上瘾了：还是打仗来得干脆，短、平、快。一听说要打仗，他们撸起袖子加油干。

鲁隐公十一年，即公元前712年，郑、齐、鲁又准备一起群殴许国，理由是许国对周天子不恭，没有按时上贡。

许国，周成王初年所封，是现在唯一可确认的五等男爵诸侯国，不但爵位垫底，而且国小势力单薄，和齐国是一个老祖宗，炎帝后裔。传说炎帝依姜水而居，所以姓姜，姜水就是今天陕西宝鸡的清姜河，和黄帝所居的陕西武功县漆水河同为渭河支流。许国后裔遵从姜姓许氏，所以许国是许姓发源地。许国和今天的许昌市虽然有渊源，但相差甚远，今天的许昌市区域范围大部分属于郑国，只有建安区是许国封地。

许国与郑国接壤，位置优越，人称"中原之中"。正因为地处中原之中，所以也是个四战之地，偏偏倒霉，又挨着郑国,春秋初期,谁挨着郑庄公,谁晚上都睡不好觉。

郑庄公对许国的图谋之心起于三年之前的祊换许田,虽然和鲁国还没有完成祊换许田的最后交易手续,相当于我们今天的房产买卖合同已经签订,就等着去房产交易中心办理过户手续,领取房产证。我郑庄公许田可以得,许国为什么就不能得?

五月十四日,郑庄公进行战前总动员。依据姜子牙所著的中国古代第一部军事法典——《司马法》,郑庄公必须向下属阐明本次作战是遵从天子之义,顺天利地应民意,然后强调作战纪律:"逐奔不远,纵绥不及""轻车轻徒,弓矢固御""车以密固,徒以坐固,甲以重固,兵以轻胜",等等。

然后,分发武器。春秋有个专用名词叫"授兵",放在今天,如果你光荣参军,激动人心的"授枪"仪式就是从这里演变而来。春秋时期授兵,战车是武器中的尖端产品,夏朝称战车为钩车,商朝称战车为寅车,西周称战车为元戎。"元"代表首、大,"戎"指兵器,元戎就是兵器之首。

郑庄公授兵的地点设在大宫,大宫就是郑国祖庙,授兵的核心武器就是战车,结果出现了二士争车的尴尬场面,一位就是谏言郑庄公黄泉会母的男神颍考叔,另一位是比颍考叔更加男神的春秋第一美男公孙子都。

公孙子都,郑武公兄弟公子吕的儿子,郑庄公的堂兄弟,郑桓公的孙子，姬姓，名阏字子都，因为他是郑国开国君主郑桓公的孙子，所以美誉公孙子都。公孙姓氏有两个来源：一个是黄帝姓氏的其中一个——公孙；另一个来源就像公孙子都、公孙滑、公孙无知等第三代公子哥。春秋国君大多称为某某公，继承人称为太子，孙子辈就称为公孙某某，相当于现在的红三代。不管公孙姓出何处，反正都是牛人。

公孙子都的老爸和郑庄公是一起扛过枪的人，当年携手平定共叔段之乱。公孙子都不但背景红，关键是人长得帅，而且精通六艺，亚圣孟子都是公孙子都的铁杆粉丝，曾言："至于子都，天下莫不知其姣也。不知子都之姣者，无目者也。"意思是不知道公孙子都之美的人，眼瞎。《诗经》也将公孙子都捧红成春秋少女的梦中情人，《国风·郑风》有诗云："山有扶苏，隰（xí）有荷华；不见子都，乃见狂且。"描写春秋郑国男女打情骂俏，女戏男曰：山有扶苏木，池有荷花艳，盼不到子都来，却等来了你。

可见公孙子都就是春秋版的刘德华。

但是，这位春秋第一美男子有一个致命缺点：心胸不大。当一个男人心胸不大的时候，能力和地位都将成为对别人的一种伤害，公孙子都就这样。在郑庄公的授兵仪式上，为了争抢一部战车，和另一位男神颖考叔开撕了，偏偏他又没抢到手，颖考叔身高力大，直接驾起车辕拼抢。春秋战车一般都是驷马战车，颍考叔不借马力，自己直接拉车狂奔，后边公孙子都手提长戟狂追，这场景绝对比现代马拉松比赛更有看头。大宫内一同授兵的将士们助威加油，估计老郑看到手下士气如此高昂，满心欢喜。

《左传》记载："颍考叔挟辀以走，子都拔棘以逐之。"棘就是戟，春秋时期的高级别武器，战车时代，戈、酋矛、夷矛、戟、殳（shū）是车战神器，俗称"战车五宝"，通常被竖叉在战车的右边，随拿随用，其中戟的技术含量最高，戟是矛和戈的黄金组合。戈的功能是钩和啄，相当于大长把的镰刀，割和戈同音转字，取名戈；矛意指冒，突刺也，酋矛和夷矛的区别在于长短不同，功能都是以刺杀为主；殳相当于长竹竿，原称作杵，取其长，以远戳为主。1978年曾侯乙墓出土文物中首次有殳，这是史学家第一次亲眼得见这种传说中的战车神器，发现它还有一个功能，可以当锤砸；戟，原名称枝，树干开杈称枝，也叫棘，枝和戟是一音之转。戟是矛和戈的组合，能刺能钩也能啄，所以制作成本高，技术含量大，一般士兵没有资格使用。

颍考叔人拉着战车在前面狂奔，子都手持长戟在后面狂追，周围的将士们在狂笑，结果颍考叔奔出大宫，拉着车走远了。公孙子都在众目睽睽下掉链子了，掉的是春秋第一美男、无数少女青春偶像的面子，男人的面子往往比里子更值钱，历史巨著《左传》虽然惜字如金,但还是用了三个字:"子都怒。"

所以接下来的事情才狗血。

3. 暗箭伤人

农历七月一日,郑、齐、鲁三国开始群殴许国,许国本来就是菜鸟一只,只等着挨揍,还是颍考叔一马当先,既然当着老板郑庄公的面抢战车抢赢了老板的堂兄弟公孙子都,那就要好好表现一番,于是主动请缨,领了郑庄公的战旗。这面战旗很特别,名为"蝥(máo)弧",正因为这是中国历史文献上记录的第一面战旗的名字,所以"蝥弧"二字就成为战旗的代名词。唐朝诗人卢纶写过一组相当出名的《塞下曲》,其中一首不算太出名,原因是立意太直白,缺乏拐弯抹角的深度,又有个把生僻字,不好朗朗上口,但其中就引用"蝥弧"二字意指战旗。

鹫翎金仆姑,燕尾秀蝥弧。
独立扬新令,千营共一呼。

古代战争,传达号令的主要工具就是战旗和擂鼓,只有战旗贯穿人类战争史,流传至今:人在旗在。夏代战旗使用黑色,旗上绣日月,取日月光明之意;殷代使用白色,旗上绣虎，取虎虎生威之意；周代战旗使用黄色，中间绣龙，取其文采，德治天下。郑庄公的战旗一定很特别，特别到《左传》中特意提及，而且还直呼其真名"蝥弧"。有句话说得好：战旗不是绣出来的，是打出来的。郑庄公的"蝥弧"就是打出来的，估计敌国军队一见"蝥弧"，不打也要怕三分。

颍考叔领了郑庄公的"蝥弧"，那就是领了老板的一份信任，立马身先士卒，举旗登城。其实春秋初期各国城墙高不过一丈，相当于今天的2.31米，再高就是犯上，视为藐视周天子。所以颍考叔登城就相当于翻墙头，即使身边有攻城云梯也派不上用场，云梯的发明是两百年之后。各诸侯国不再把周天子放在眼里，城墙能筑多高筑多高的情况下，鲁国人鲁班才发明了云梯，就像现在，住平房谁还用电梯。

公孙子都暗箭伤人

颖考叔登上许城的一刹那,公孙子都在城下萌生了杀心,搭弓瞄准,背后一箭,颖考叔中箭落地,不明不白牺牲了。

这就是成语"明枪易躲,暗箭难防"的出处。

颖考叔落城后,战友瑕叔盈接过"蝥弧",站在城上摇旗疾呼,类似现在电影上的台词:首长已经登城,同志们,冲啊!

这是中国战史上首次记录的登城细节,看得出郑庄公的军队之所以能征善战,是因为将领身先士卒,带头冲锋。

不出三日,许国城破家亡,许庄公逃奔卫国,寻求政治避难。郑庄公是只老狐狸,又开始玩弄以退为进的把戏,把许国下一步的发落权让给齐僖公和鲁隐公,意思是:打仗我是主力,许国的城门也是我先踹开的,上次伐宋捞的实惠我都让出去了,许国归谁,你们哥俩看着办吧。

齐僖公和鲁隐公早已猜透了郑庄公的心思:他想学习他老爹郑武公灭国略地。许国是中原之中,如果被郑国吞并,郑庄公势必如虎添翼,谁还能摁得住他?

于是齐僖公和鲁隐公哥俩商量出了一个权宜之计:许国挨着郑国,对于齐国和鲁国来说都是隔山隔水的飞地,许国归郑国算是顺水人情,但许国不能灭国,那就托管吧。

郑庄公虽然心里不爽,但也只能就坡下驴,于是扶植许庄公的弟弟和大夫百里在许国东部成立伪政权,派公孙获在许国西部监国，相当于殖民地的总督。郑庄公原想过渡一下，逐渐让许国姓郑，谁知世事难料，十年后郑庄公死了，郑国国运不济，许国复国。

回国之前，老郑给以大夫百里为首的托管团队训话，这场演讲相当精彩，演讲内容被左丘明整理成著名的春秋散文《郑庄公戒饬守臣》，关于群殴许国的原因，老郑违心地、又冠冕堂皇地用了一句话概括总结："天祸许国，鬼神实不逞于许君，而假手于我寡人。"

接下来，公孙子都并没有因为打黑枪而受到应有的惩罚，主要因为郑庄公是只老狐狸，这次郑狐狸又玩弄了一把人心：以最高礼遇厚葬英雄颍考叔，然后带领将士，摆弄公猪、狗、鸡等祭品，全体诅咒凶手，也就是今天小屁孩玩游戏：画个圈圈诅咒你！其实郑狐狸心里清楚，公孙子都就是凶手无疑。射颍考叔之箭从背后自下而上射入，箭头经辨认是郑国所制，箭头射击方向来自公孙子都。但老郑认为斯人已逝，何必要再死一个，公孙子都是自己的堂兄弟，是郑国在政治舞台上的形象代言人。

但是，民间历史不放过公孙子都，以各种文艺形式意淫这位春秋第一美男子，在舞台上把他编排到死。最典型的就是2006年昆剧《公孙子都》，曾荣获"2006—2007年度国家舞台艺术精品工程"十大精品剧目奖榜首和第八届中国艺术节文华剧目大奖。

郑庄公之所以要留公孙子都不死,是因为当下正值打仗用人之际。先是息国国君息侯也不知怎么就和老郑隔空掐架,于是哥俩约战。说是隔空掐架是因为息国和郑国不是邻国,中间隔着许国和蔡国,现在的河南省息县是春秋息国故地,唯一闻名于世的就是出产了春秋时期四大美女之一的息国夫人。放在如今,郑息两国只能空战或发射导弹,但春秋打仗就是个奇葩,互相约战,像息侯和郑庄公这种因言语不和约架的,还得找个中间人观战,因此虽然没有相邻,但邻国自然会提供场地支持。于是郑国和息国就在郑国边境,按照规定时间、规定地点、规定动作开战,息侯去郑国家门口打架,属于上门找大碴儿,结果,毫无悬念,息侯被打得满地找牙,《左传》点评息侯:"不度德,不量力。"

于是成语"不自量力"就这么产生了。

4. 鲁隐公的悲剧

郑庄公打仗上瘾了，同年的农历十月拉着虢国又开始教训宋国，此时的虢国是历史上的南虢国，就是现在三门峡市考古考出来的虢国。虢国有一个优点：心大，全然不计较自己的双胞胎兄弟西虢国被郑国吞并的世仇。周天子的左卿士拉着右卿士教训宋国，可想而知，十月十四日宋国大败，这是宋殇公人生的最后一战，也是老郑和老宋人生的最后较量。郑庄公南征北战，几乎每战背后都有宋国的影子，征服宋国，才能称霸中原，这是老郑的终极目标。

遗憾的是，打败自己的不是敌人，而是自己内部，宋殇公和鲁隐公都中了这个魔咒。

按照时间顺序，先说鲁隐公，他成为颍考叔暗箭被伤的殉道者。郑、齐、鲁三国群殴许国的同年，也就是公元前712年的年尾，公子挥野心膨胀了。他也是州吁的哥们，没有州吁下手狠，但比州吁心黑，他一心想当太宰，也就是鲁国的执政官。在鲁隐公时期，太宰职位一直空缺，但从历史事件分析，公子挥的权力地位相当于太宰。于是他私下给鲁隐公进言：你现在是代理国君，我帮你杀了继承人公子允，你就永远转正了；作为交换条件，你也得帮我转正，真正当上太宰。

鲁隐公当即呵斥，不与其为伍，公子挥一下子凉到后脑勺。说出去的话，泼出去的水，即使用屁股思考也能掂量得出后果：第一，他将在鲁隐公跟前失宠，因为他太无耻了；第二，公子允上台后，一旦知道此事，自己的小命难保。

公子挥倒是有点政客的无耻加聪明，东边不亮西边亮，他又暗地拜见公子允：你的同父异母哥哥——鲁隐公，自己想霸着国君位子不放，让我来杀你，并且承诺事成之后让我当太宰。

这事太理所应当了，别人家都是这么干的，卫前废公州吁夺权弑兄的案例人人皆知，像伯夷叔齐那样互谦互让已经不流行了。公子允没有理由不信公子挥的话，于是感恩零涕，承诺公子挥如果除掉鲁隐公，加官晋爵。

鲁国当年和郑国干过仗，地点在狐壤，翻遍史书文献，没有找到狐壤的具体位置，应该在郑国境内长葛附近。鲁国和郑国中间隔着宋国和曹国，史书也没有记载干仗细节，只能理解为诸侯中原混战，鲁国做了一回雇佣军，结果还是郑国擅长打仗，鲁国战败，鲁隐公做了俘虏。郑国按照周礼优待俘虏，鲁隐公被一个姓尹的小吏看押，鲁隐公竟然策反了尹姓小吏。尹姓小吏不太放心鲁隐公的承诺，于是拉着鲁隐公在自己家供奉的神位前赌咒发誓，让神灵见证，监督鲁隐公信守承诺。此神位有个威名叫钟巫，发誓之后，鲁隐公拉着尹姓小吏一家逃离郑国，临走之前这位仁兄把钟巫的神位当作护身符一起带走。鲁隐公是个贤德守信之人，回到鲁国善待尹姓小吏，并立钟巫神位，年年祭祀，心怀感念。

公子挥趁鲁隐公出宫祭祀钟巫、沐浴斋戒，毫无防备之际，派人刺杀了鲁隐公。鲁隐公比颍考叔更加悲剧，颍考叔死后有人替他招魂颂德，鲁隐公不明不白被人暗算，一生贤良豁达、委曲求全。老爸截和，娶了他的未婚妻，也害得他失去了君位继承权；老爸死了，他还要帮老爸和自己未婚妻所生的弟弟公子允代理朝政，准备蒐裘归计，还政公子允之时，让公子允给做了，这下场绝对冤过关汉卿笔下的窦娥。

鲁隐公死后没有国葬，公子允上台，是为鲁桓公。在鲁桓公眼里，鲁隐公就是个篡党谋权的反革命分子，土葬可以，国葬不行。因此，鲁隐公薨了，没有享受国丧待遇。

5. 幸福来得太突然

接下来，狗血霉运轮到了宋殇公头上，他和鲁隐公都走进了一个暗箭伤人效率高的时代。

鲁桓公继位的第二年，宋国的太宰华父督迷恋上了宋国大司马孔父嘉的妻子，《左传》形容孔父嘉之妻"美而艳"。

大司马相当于现在的国防部长，孔父嘉还有另外一个特别牛的身份：孔子的六世祖。国防部长孔父嘉和华父督虽为同事，但政见各异。宋殇公好用兵，打仗打得民不聊生，孔父嘉就是帮凶，所以宋殇公和孔父嘉君臣二人群众基础不太好，这才有了华父督犯上作乱的可能。华父督是宋国第十一世君主宋戴公的后代，华姓始祖。太宰是负责治国理政的，需要和平时代，国泰民安。孔父嘉是负责打仗的，打仗打的是人和钱粮，好兵者乱天下。一个要和，一个要战，所以就出现了华父督和孔父嘉政见不合的局面。

偏偏华父督又迷恋上了孔父嘉的妻子，堂堂一个宰相想霸占大司马的老婆，政治谈判肯定行不通，只能抢了，但对手又是手握兵权的国防部长，今天抢过来，明天对手就可能抢回去，是个拉抽屉战局，只剩下最后一招，杀了大司马。于是华父督带领家丁手下直接围攻孔府，《左传》用了一句话："宋督攻孔氏。"可见双方是打群架，孔父嘉落败被杀，孔妻被掠。

杀了孔父嘉，华父督进宫拜见宋殇公说明缘由，肯定不能说杀孔夺妻，只能说孔父嘉祸国乱民，自己替天行道，清君侧、诛逆贼。宋殇公向来刚愎自用，勃然大怒，华父督干脆来个一不做、二不休，借着杀孔掠艳的狠劲，再接再厉，弑杀宋殇公。

宋殇公怎么也没预想到会死到自己人手里，这要归失于殇公用人不善，用了一个孔父嘉当国防部长，自己家都看不住，怎么能出国打仗？太宰是国君的左膀右臂，人选要先量德再量能，结果他选用了华父督，有能无德，人在要职，德不配位，必有灾殃。也要归失于宋殇公的不识时务，华父督现在就是一个地痞青皮，常言道：狗逼急了还咬主人，真要办他，也要先抓人，后发作，发怒要有发怒的本钱。

宋国内乱，在诸侯间反响很大，特别是鲁国，鲁桓公是宋武公的亲外孙，宋殇公是宋武公的亲孙子，二人是表兄和表弟之间的关系。表兄弟被人杀了，鲁桓公要不站出来说句话，那以后在国际舞台上怎么混？于是召集以郑、齐、鲁为核心的诸侯国，在鲁国的稷地召开紧急会议，起码表个姿态，就像现在的国际会议发表个宣言什么的。

按道理这种事应该周天子出来表个态,毕竟还是台面上的天下共主。周桓王这时候玩超脱,置身事外,你们爱咋咋的,反正没收礼,不办事。况且宋国本来就对周天子不恭,会员费还拖欠不交。既然没人管、成本低、收益高,那么暗箭伤人、弑君篡权、伤风败俗、礼崩乐坏,就自然而然了。

华父督没把周桓王当回事儿,但是,郑、齐、鲁三国是江湖大佬,不敢怠慢。华父督两手准备,一边通过外交手段,行贿几位江湖大佬,一边择立新君,证明自己只弑君、不篡位。

郑庄公蓄谋已久、珍藏多年的一张王牌——公子冯,现在派上大用场了,宋殇公就是因为郑国收留了公子冯才和郑庄公对立了十年。华父督即刻召公子冯回国,立为新君,是为宋庄公,华父督继续任太宰。

华父督不遗余力行贿拉拢周边的诸侯大佬,把宋国珍藏版的郜国大鼎送给了鲁桓公。

这个鼎可不是一般的鼎,是郜史硕父鼎,现在的国家图书馆也只有墨拓本收藏。郜硕父是郜国的开国君主,周武王的叔叔,郜国一

郜史硕父鼎

开张就是三等伯爵，为了伯爵传承万代、子嗣兴旺，郜硕父倾一国之力铸造了这尊鼎。这尊鼎到宋殇公时代已经有三百多年的历史，算是老古董了，鼎是祭祀神器，越老越神，越久越灵，所以那个年代，郜史硕父鼎是稀世之宝。郜国衰败之后，给宋国做了附庸，这个神器就落到了宋国手里。

宋国这是在下血本，鲁桓公笑纳了。

鲁桓公是宋国的亲外甥，宋殇公和鲁隐公时期的恩怨一笔勾销。鲁桓公将宋国行贿自己的郜史硕父鼎放在太庙展出，结果招来骂声一片，用受贿得来的大鼎祭祀祖宗神灵，鲁国宗室认为鲁桓公有辱门风。

周时期，国家大事，在祀与戎，祭祀和用兵是国家的头等大事，其中祭祀是要讲排场的，排场的核心就是鼎。鼎就是煮饭的锅，当然一般家庭用不起，因为是青铜铸造。青铜是人类历史上最早的合金，是在黄铜中加入一定比例的锡和铅，熔点虽然比纯铜低，但比纯铜硬，容易造型，耐磨经用。春秋时期的金属比钱币更值钱，是硬通货，所以以青铜铸鼎，是财富和地位的象征。一般人即使有钱，但社会地位没到一定程度，人富位贱，是没有资格以青铜铸鼎的。现代人发达了住洋房买豪车，春秋名流一旦发达，要以青铜铸鼎，鼎是来供奉祖先和神灵的，看来古人境界比我们高，自己发达了，先要告慰祖先神灵。

鼎放在家里，可能就是煮饭的锅，放在太庙，就是祖宗神灵的饭碗。鼎是身份的象征，所以后来才发生了"楚王问鼎"的故事。

郑国和宋国持续十一年的恩怨就这样结束了，宋殇公最终死在自己人手里。打铁还须自身硬，宋殇公外强中干，公子冯十年磨一剑，如愿以偿继位宋国国君。这位宋国国君是郑庄公押中的一笔风险投资，自然对郑国投怀送抱，有句话说得好：邻居是搬不走的，要么霸占，要么改变，郑庄公做到了。

孔父嘉死后，其家族败落，到了其曾孙孔防叔时期，实在混不下去了，移民到了鲁国，再后来孔防叔的曾孙——孔子，横空出世。

第十章

繻葛之战

1. 外强中干

周桓王人穷架子大，典型的实力很弱、脾气不小。此时周天子的地盘东不到荥阳，西不跨潼关，南不到汝阳，北接山西沁水县，方圆只有六百余里，今天的洛阳市加上三门峡市，也就是一个中等诸侯国大小。实际上更小，原来的西虢国在西岐混不下去了，西戎打，秦人逼，于是搬迁到今天的三门峡地区，和老大周天子抱团取暖，挤掉了周桓王很大一部分地盘。这还不算，周天子还要经常用封地打赏各路诸侯，相比东周列国，周王朝国不大官大，地不多官多，公卿贵族云集，个个都得有自己的食邑，除去这些之外，能让周桓王挥霍的自留地已经不多了。

周桓王致富还有另外一条途径：接受朝贡，对象：诸侯列强。春秋买官卖官，对周天子来说，多几个公爵侯爵，也就是干爹多认几个干儿子，不用生，不用养，又多了几分孝敬，谁来看望干爹都得拎点礼，即使人不到也要红包到。曲沃伐翼，周桓王从中渔利不少，虢公忌父也从中捞取了不少政治资本，周桓王的成周八师变成了雇佣军，谁给钱多就帮谁打仗，上半场帮曲沃伐翼城，下半场就帮翼城怼曲沃，虽说严重不靠谱，但在曲沃和翼城之间忽悠玩转是周桓王在位期间的唯一杰作。

此时的东周一哥混成如此模样,主要原因是周天子现在既不站在食物链的顶端,也不站在道德的制高点。他就像一头久病缠身、步履蹒跚的雄狮,虽然名为森林之王,但已经失去捕食能力,森林里的动物们已经不再惧怕这头雄狮,母狮们用它,也只是在发情期,需要他的繁殖能力。

同样,诸侯们对周天子时不时地示好,是需要他手中的册封权力,没有这张任免红头文件,那就成了黑户。

2. 周郑交恶

有一个人周桓王痛恨有加，但不敢忽悠，他就是隔壁郑庄公。

自从"周郑交质"之后，周郑交恶了，周平王心里就扎根刺，只不过郑庄公风头正猛，周平王忍了。

周桓王刚上台不久，碰上了一件露脸的事，晋国的曲沃小宗和翼城大宗已经互掐内斗了很久，史称曲沃伐翼（后文长篇介绍）。这时候已经到了曲沃伐翼第三战阶段，僵持不下，就邀请了周桓王参战，结果周桓王挺谁谁就赢，出现了一边倒的局面。

经过参与曲沃伐翼第三战，周桓王重新认识到自己的价值：我是蜂王我怕谁。从周桓王登基起始三年，身为卿士的郑庄公就没有拜见过这位老板，虽然每年的份子钱照给，诸侯甸服义务月月尽，大家心照不宣，能不见面就躲着。曲沃伐翼第三战，郑国和周桓王都派兵支持曲沃群殴翼城，这次双方手下不可能不碰面，结果就来了个碰面外交，相当于今天的国家元首看似偶然，又似精心安排的楼道外交。双方揣摩再三，还是合作好过分裂。郑国是唯一能两线作战的诸侯，一边帮着曲沃打翼城，一边和卫国进行着制北战役，而且是两线全胜；周桓王天生就是蜂王，即使不用蜇刺，谁都怕三分，必须得供着。

郑庄公就是郑庄公，回国之后以眼还眼，马上来个祊换许田，拉着鲁隐公公开和周桓王叫板。

周桓王也不示弱，接着回板，任命虢公忌父作为王庭右卿士，郑庄公哪里痛周桓王就捏哪里。

郑庄公继续回板，拉着齐僖公大摇大摆上王庭，实际上是给周桓王示威：老大你不是一直想收拾我吗？我来了，你看见了。

郑庄公和齐僖公都是春秋初期三小霸之一，另外一个是楚武王，而且春秋三小霸都有个共同点：怼周天子怼出来的。不怼周天子就称不了霸，这就是周王室的悲哀。郑庄公是周桓王的眼中刺，齐国和周王室有世仇在先，周夷王听信纪侯谗言烹杀了齐哀公，齐国从此国运中落，好不容易到了齐前庄公吕购手上才盼来了齐国中兴，齐僖公顺着老爸创造的中兴之势继续强大，也算是咸鱼翻生。这哥俩手拉手朝拜周桓王，实际上是在逼宫。周桓王这次怯了，面对老郑和老齐，他只能算是个娃娃兵，按照外交礼仪热情接待，并积极做好安抚工作：郑老您日理万机，经常不在岗，所以才让虢公忌父替您承担部分工作，郑老的待遇继续保留，一左一右，都是王的卿士。

3. 周郑易田

周桓王八年，鲁隐公十一年，公元前712年，周桓王和郑庄公又杠上了，来了一场周郑易田，这次老郑让周桓王忽悠了。

《左传》记载："王取邬、刘、蒍、邗之田于郑，而与郑人苏忿生之田温、原、絺、樊、隰郕、欑茅、向、盟、州、陉、隤、怀。"

周桓王用十二邑土地交换郑国的四邑，乍一看，这笔买卖郑国赚大发了，再仔细琢磨，有点诡异。邬、刘二邑，晋朝人杜预在《春秋左氏经传集解》中注明属于当时的河南缑氏县，就是现在的河南省偃师市东南府店镇北。另外两邑蒍和邗，未具体明确地点，但明确属于郑国所有，都在黄河以南，靠近成周洛邑，郑庄公掏的是真金白银做生意。

周桓王要给郑庄公的十二邑文字描述多加了个"苏忿生之田"，原来这十二邑田地不是周天子的，是苏忿生之田。周桓王这是属于空手套，抵押隔壁老王的房子给自己贷款买新房。苏忿生何许人也，周武王时代的大司寇，掌管周王朝司法刑狱，地位仅次于当时的周公和召公的三号人物，《尚书·立政》中记载，周公旦向周成王提名嘉奖司寇苏公，苏公就是苏忿生，当时能在官场中被称为"某某公"的人少之又少，那是绝对的牛人。

成康之治，四十年不用刑罚，历史上绝无仅有，这和大司寇苏忿生是分不开的。因此，苏忿生也被尊为历史上的"狱神"，古代的监狱都会供奉祭拜这位狱神。狱典祭拜乞求匪少患少，相安无事；狱犯祭拜乞求轻刑轻量，早点出狱。苏公是一个好人和坏人都相当怀念的人，苏公也是历史上记录的华夏苏姓第一人，被公认为苏姓始祖。

历史记载，苏公被周天子"封于苏，国于温"。综合各方史料，司寇苏忿生被封于苏地，也称苏国，就是他的故乡，今河南省博爱县苏家作村为中心区域。虽然苏公位高国小，世人因德施名，还是美其名曰苏子国，后扩地建国，南下迁入温地，建立温国，就是今天的河南省温县辐射区域。此地因发现温泉而得名。在古代普通人洗个热水澡都是不容易的事，能有温泉那就是圣地，所以温地地名在春秋时期多次出场，郑庄公派遣祭仲收的就是温地的麦子。温地是为数不多几千年保持地名不变的地区。

后来温国部分遗民以国为姓，所以苏忿生也是温姓始祖。

温县出过一位中国人都耳熟能详的神话人物：妲己，《封神演义》中称为苏妲己，因为温县别称苏国。如果妲己确属历史真人，温县确属妲己故里，那么苏国立国应该更为早些。

因为温国始祖并非上古名门之后，也不是姬姓嫡传，所以成康之后就并不怎么受周天子待见，只好盘缩在太行山和黄河夹角地带，基本上在今天的河南省焦作市境内，处境和齐国大同小异。如果齐国是姬姓之后，那绝对不会发生周夷王时代水煮齐哀公的惨案，所以内外有别。

平王西迁之后，温国开始倒霉了。周天子和温国做邻居，就隔着一条黄河，黑老大挨着地主老财住，谁都睡得不踏实。周天子现在就是一个捉襟见肘的穷老大，不干点鸡鸣狗盗之事，正常生活难以为继，周围的其他国家，不是同姓的大爷堂叔之国，就是二王三恪，惹不起。只有踩了温国不算踩红线，打它属于白打。于是周天子一蹭二占三没收，抢了温国不少田地，祭仲抢收周天子温地的麦子实际上是人家温国苏氏的麦子，确切地说是周天子耍流氓遇上了打劫的。

温国苏氏也是个硬茬，被周天子天天惦记着，终于忍无可忍，不认这个爹了，干爹也不行，老子造反了。晋朝人杜预在《春秋左氏经传集解》中注明："苏氏叛王。"

觊觎温国的不止周天子一个，郑国也是虎视眈眈，无奈隔着黄河，不便重兵压境，打起来不是那么顺手。再说郑国这么多年欺邻灭国，四处树敌，不能马上就去搞事，而且温国现在是老大周天子眼里的菜。

可是温国这盘菜周天子一直吃得不爽口，多年来啃不动、咽不下，所以周桓王就搞了这么一出戏，用温国的地与郑国交换。连左丘明都觉得这个老大不厚道，在《左传》中感慨预言："君子是以知桓王之失郑也。""己弗能有，而以与人，人之不至，不亦宜乎？"意思是说郑庄公不朝贡周桓王，也是理所当然。

郑庄公自恃过高，自认没有自己咽不下的菜，结果一直到郑庄公死了，温国依然没有归郑。周郑易田七年后，也就是鲁桓公七年，周桓王十五年，即公元前705年《左传》记载："秋，郑人、齐人、卫人伐盟、向。王迁盟、向之民于郏。"说明郑庄公为了取得温国十二邑田地，一直在努力，这次拉上齐国和卫国征伐温国的盟邑和向邑，周桓王把盟邑和向邑的老百姓迁到了郏邑，也就是今天的河南平顶山郏县。

那个时代，人是硬通货，把人口迁走，相当于釜底抽薪。打个比方说，郑庄公是劫匪，打算抢银行，打开金库门之后，发现钞票没了，被周桓王提走了。

经过周郑易田的较量，五年后，周桓王和郑庄公闹掰了，终于在周桓王十三年，鲁桓公五年，即公元前707年，彻底撕破脸皮，周桓王革去郑庄公的卿士职位，郑庄公也正式不认周王室了。

4. 乌合之众

儿子要和老子解除父子关系，没面子的当然是老子，周桓王很拿自己当根葱，决定在郑庄公身上找回面子，于是繻葛之战爆发了。

挑事的还是周桓王，号令各路诸侯，准备群殴郑国，最后只纠集到蔡、卫、陈三国加入了周天子的中央军。国力最强的齐、鲁两国，都已经和郑国拜把子磕头，拒绝听周桓王号令。宋国本来和蔡、卫、陈是一伙的，但此时当政的是公子冯，史称宋庄公。宋庄公先前一直在郑国寻求政治避难，也是郑庄公用来对付宋殇公的一笔风险投资，正想投桃报李，恨不得认郑庄公作干爹。宋国本来和周王室的关系就不怎么样，上贡的份子钱都懒得足额上缴，这次没站在郑国一边就已经相当给周桓王面子了，干脆保持中立。

陈桓公亲手缔结的郑陈联姻，在繻葛大战前夕保质期过了，因为这一年正月陈桓公挂了。他死得特别诡异，玩出走，上一年的十二月二十一失踪，正月初六发现遗体，这其间的十六天空当谁也说不清楚，成为历史悬案。这也难为了史官，《春秋》只能记载："甲戌、己丑，陈侯鲍卒。"陈桓公死了一次，但记录了两个时间：甲戌和己丑。

陈桓公死得离奇，接下来的事更狗血，本来太子免准备继位，半路上让陈桓公同父异母的弟弟公子佗截和了，他杀了太子免。公子佗，史书上也称作五父，智商显然高过哥哥陈桓公。陈文公这两个儿子一个无能，一个无德。公子佗虽然对郑国提出了"亲仁善邻，国之宝也"的口号，但等他上台了，这个倡议暂且要放一放，因为周桓王此时要群殴郑国，周桓王也正好踩着公子佗的尾巴。公子佗虽然上位了，但名不正，所以没有名分，好比现在通过了某项任命，但上级没有盖章发文。陈国的地位很高，泱泱侯爵，需要周天子册封确认。公子佗不得人心，民众抵制，竞相出走，周桓王给他盖章，就是他的救命稻草。

所以，陈国又开始表现了，左拉右凑，集结军队，随王伐郑。

周桓王拼凑了成周之师，拉上陈、卫、蔡三国的乌合之众，准备兴师问罪。周天子打仗，一要讲礼仪，二要排场，约地点，选时间，下战书，按照程序走，样样不能少。《司马法》严令：冬夏不兴师。古人很人道，冬有严寒夏酷热，下地干活都要命，打仗杀人坚决不提倡，春暖花开之季，秋高气爽之时，宜打宜杀，宜战宜奔。因此周桓王约好郑庄公，秋季择日开战，地点选在郑国的边境地区——长葛。

长葛,也称缙葛,现在的河南省长葛市,地势平缓,地广人稀,适于击鼓列阵,战车冲杀。十年前的长葛之战,是郑国之殇,虽然最终和平解决,那也是郑庄公南征北战以来,唯一败北之战。周桓王约战长葛,用心良苦,准备在郑庄公的伤口上撒把辣椒粉。

5. 春秋第一战

繻葛之战史书记载较为翔实。此战关乎周天子领导威信，约架双方一个是老大周桓王，一个是春秋第一小霸郑庄公，都是有头有脸的大人物，所以战争程序要严格按照周礼框架下的战争礼仪进行。周桓王是邀约方，选择上占有先手，古代列队打仗，地势上讲究背日、背风、背高，让敌方面光、迎风、仰攻，所以周桓王地势择优。郑庄公是应约方，地势上只能做单选题，略居下风。但老郑有个周桓王不及的优势，周礼圈定打仗争义不争利，虽攻其国，但爱其民，杀人安人，以战止战，讲究仁义之战。就像一场竞技比赛，周天子应该带头执行公平、公正、透明原则，周桓王的排兵布阵，追求威仪天下，要广而告之。所以郑庄公不用侦察刺探就知道，周桓王带领成周精锐之师，威居中军；虢公林父，统领蔡国、卫国的志愿军组成右军；周公黑肩，也称周桓公，属于周公政客序列，带领陈国的非情非愿军，组成左军。

虢公林父也称虢仲，此时已经接替虢公忌父，兼任南虢国君主，按照推理，虢公忌父此时应该去世了，他也是南虢国的上一任国君。按照周礼，必须他去世之后，虢公林父才可以接任，周朝官员可以退休，但国君没有退位案例。虢国打仗不入流，但频频培养出职业政客，东、西周三大政客序列：周公序列、召公序列、虢公序列，其中虢公序列在春秋时期盛产政治家，从周幽王时期的虢公石父、周平王时期的虢公瀚到周桓王时期的虢公忌父和虢公林父，几乎代代相传，主要因为国小势单，没有出路，只能跟着周王室混。

郑庄公很给周桓王面子，几乎倾巢而出，带领自己的两个儿子：公子忽和公子突，同父异母的弟弟公子原繁。俗话说得好，打仗亲兄弟，上阵父子兵，郑庄公这次全占了。郑国的打仗能手，召之全来：祭足、高渠弥、曼伯、盈叔瑕、祝聃全部到位。

战前，郑庄公召开作战会议，公子突谏言：吃柿子要先挑软的捏，周军中陈国最菜，本来陈国内乱，民心不稳，兵无斗志，非情非愿地过来，就是滥竽充数的，我们也兵分左、中、右三路，先揍左路的陈军，陈军溃散，右路的蔡、卫混成旅势必军心动摇，然后击之必败。等周军左、右路军败逃之后，我们三路大军一起合围周桓王的中军。

郑庄公四个儿子，老大公子忽和老二公子突都善战。其中公子突更胜一筹，公子突也称郑子元，善谋善战，制北之战和八年前的御戎之战，公子突都是战术方针的制定者。老郑把儿子个个都培养成了军事家，独缺政治家，所以郑庄公身后，政局四乱。

郑庄公采纳了儿子的建议，曼伯率领右路军，专打周公黑肩率领的陈军，祭仲率领左路军，对付虢公林父率领的蔡、卫联军，郑庄公率领原繁和高渠弥坐镇中军。

周桓王太自信，本来想着自己亲自出马，御驾亲征，天子威仪，震慑八方，过来吓唬一下，郑庄公能匍匐认怂就此收场。蔡、卫、陈三国也没想着硬碰硬，原本想着出工不出力，排排队，壮壮威，估计郑庄公也不敢真和周桓王叫板。没想到郑庄公是个硬茬，敢和周天子在阵前对垒。这导致周桓王不战自败，而且输得很难看。

《左传》记载，郑军使用的鱼丽阵型："先偏后伍，伍承弥缝。"这是中国历史上最早记录的兵法阵型，也是车战的经典惯用战术，经典到二战时期希特勒的"闪电战"，也沿袭此法。"先偏后伍，伍承弥缝"是史书对鱼丽阵型的唯一描述，历来各种解读层出不穷。其实这是车战的要领，简单实用，"偏"是战车编制，"伍"是步卒编制，理解起来就是：战车列阵，在前冲锋；步兵填空，追随捕杀。现代战争的坦克大战也是鱼丽阵型。

交战过程正如公子突设计，周桓王军队整齐列队，不冲不杀，等着郑庄公表态，其实就是和尚念经的木鱼——摆着挨揍。左路的陈国菜鸟军一碰即飞，争相逃奔，右路的蔡、卫志愿军看到左路陈军溃败，阵脚大乱，人心惊慌，遭到祭仲带领的郑国左路军一路冲杀，即刻溃逃。左、中、右三路大军对周桓王形成合围，变成了三比一，群殴周天子。周桓王的中路军是成周之师，多年没上战场，实际上变成了仪仗兵，日常主要工作就是迎驾朝送、接受检阅。所以周桓王只有逃命的份儿，结果倒霉蛋遇上了倒霉事，慌乱逃跑中还被郑国大将祝聃用箭射中肩膀。好在春秋讲究文明打仗，逐奔不远，纵绥不及，何况对方是干爹周天子，都是人民内部矛盾，郑庄公拦住正在兴头上的祝聃，做人留一线，日后好相见。

繻葛之战，周天子负伤大败

《左传》记录，郑庄公作为春秋首屈一指的政治家，说了一段极高水平的话："君子不欲多上人，况敢陵天子乎！苟自救也，社稷无陨，多矣。"不能欺人太甚，只求自卫，保全社稷。

繻葛之战的当晚，郑庄公委派祭仲代表自己慰问受伤的周桓王及其左右随从，周桓王就坡下驴，班师回朝。

从此，周王室威风扫地，与各个诸侯国的关系，变为你拿钱，我办事。

繻葛之战是周王室破败、诸侯争霸的转折点，堪称春秋第一战。

一代枭雄郑庄公也走到了人生巅峰，从此淡出江湖，直到去世。

神仙打架，小鬼遭殃。公子佗本指望着繻葛之战秀一把，好让周桓王册封自己转正，结果陈军最先尿包，害得周桓王被郑国三路军马群殴，不怕神一样的对手，就怕猪一样的队友。周桓王感觉被坑惨了，哪有心情去关照公子佗，由他自生自灭去吧。

第二年，公子佗被蔡国用美人计所杀。蔡人扶植自己的外甥公子跃上位，是为陈厉公。公子佗太不靠谱，不被陈国承认，死后没有谥号，对这种半成品君主，史学家给予谥号：陈废公，和州吁一个下场。出来混，总是要还的。

第十一章

曲沃伐翼

1. 桐叶封弟

郑庄公姬寤生和老爸郑武公姬掘突挑起中原混战的六十多年间，西边的秦国在老大秦文公的带领下集民扩地：一方面收集聚拢西周原住民，人是硬通货，能开荒，能打仗；另一方面遵照周平王的承诺，收复西周地盘，基本上走的是元末明初朱升建议朱元璋走的路线：高筑墙，广积粮，缓称王。南边的楚国自恃是上古火神祝融的后裔，于是也跻身于开疆拓土的泱泱大潮中，有个成语"筚路蓝缕"就是专门用来形容楚人的艰苦创业。当时的楚国比起三秦大地只能算是蛮夷之地，史称"大启群蛮"，文化积淀和礼仪修养还不曾到深刻理解和贯彻"韬光养晦"四字方针，所以，楚国一经崛起，就不知天高地厚，求爵封王。春秋时期各诸侯国君，基本上都以公、伯、侯冠称，唯独楚国率先称王。

此时的晋国，在春秋时期的中国版图上，地处西北，由于中条山和黄河的阻断，远离中原，避免了与郑、卫、宋等国的纠纷，但却陷入了长达六七十年的宗族内斗。人类社会中，外斗不乏勇猛，内斗也常常凶残。

晋国始称唐国，也称唐尧之地，开国君主是周成王的同母胞弟姬虞，因此美其名曰唐叔虞。对于虞叔立国，史上有一个"桐叶封弟"的典故：话说武王崩，成王年少继位，也就十几岁的小屁孩，一次和弟弟姬虞玩过家家游戏，成王拿了一片桐树叶子剪成圭的形状封给弟弟姬虞。圭是古代王权的象征，以圭为信，《周礼·春官·宗伯第三·大宗伯》记载："以玉作六瑞，以等邦国。王执镇圭，公执桓圭，侯执信圭，伯执躬圭……"什么官配什么圭，圭就是官员佩戴的首饰。古人用玉做圭，王用圭赏赐臣下，作为封官晋爵的凭证。所以成王用桐叶圭戏代玉圭封赏弟弟。《吕氏春秋》中记载，弟弟姬虞一高兴就拿成王的赏赐展示给当时的二号首长周公旦。周公旦拿着这片桐树叶子找到了周成王，说君无戏言，玩过家家游戏说的话也得算数，于是周成王把唐封给了弟弟。《史记》记载"唐在河、汾之东，方百里"，据此推断，汾河、黄河以东，方圆百里，应该在今天的山西侯马市附近，绛县、曲沃、翼城县一带，现在的临汾市尧都区名字的来历也可能和唐尧之地有关。唐国传说是尧的后裔，三监之乱的跟随者，周公旦平定三监之乱，顺手也将唐国给收入囊中。姬虞封唐之后，唐国称为唐虞之地，姬虞的儿子姬燮（xiè）父继位之后，改国号为晋国，姬燮父历史上也被称为姒侯燮。《竹书纪年》记载："唐迁于晋，作宫而美。"

至于"桐叶封弟"这个典故的真实性，我认同后世柳宗元的说法：此事不可信，即便是真的，周公旦的做法也是错误的。但这句"君无戏言"足足影响了中国封建社会几千年。

晋国人民世世代代不忘"桐叶封弟"的历史传统，直到今天把山西省的版图书写成像一片树叶的形状。

和中原宋、卫、齐、鲁等国"启以商政，疆以周索"的发展模式不同，由于晋国之封，在大夏之墟，地处夏的老巢腹地，晋国的几处故都——今天的侯马、曲沃、翼城、绛县都与夏朝故都夏县距离在八十公里以内，所以夏朝的行政模式在当地深入民心。又因晋国地接戎狄少数民族区域，生产生活习俗与戎狄水乳交融，晋国自行创立一种"启以夏政，疆以戎索"的发展模式，延续夏朝的政令管理，融合吸收当地少数民族共荣共生，用现在的一句话来表达就是：民族大团结。这就是最早的"一国两制"。晋国开国之初正处于成康盛世，依据蜂巢效应，晋国顺势而发，逐渐强大，为日后晋国延续六百四十多年，称霸一百五十多年打下了坚实的基础。

2. 名字惹的祸

晋国延续到晋穆侯时期，周天子周宣王在位，晋穆侯奉周宣王之命，讨伐条戎，结果吃了败仗。正好夫人齐姜（娶自齐国，故称齐姜）产下一子，晋穆侯刚吃败仗，仇恨在心，于是别出心裁，给儿子取名叫"仇"，意在不忘条戎之耻，因母贵子长，立为世子。

三年之后，晋穆侯又奉命讨伐北戎，出师大捷，这时夫人齐姜又产下一子，晋穆侯正在志得意满，于是给儿子取名"成师"，以示双喜临门，成就众师。这种爹给儿子取名的方法，现在中国人都能理解，就像儿子在抗日战争时期出生，不少人给取名"抗战"，抗美援朝时期出生，就取名"援朝"，1949年出生的男孩子，全中国最抢手的名字就是"建国"。

晋穆侯立长子仇为接班人，理所应当。长子仇继位顺天和礼，但贵为国君，兄的名字叫作仇，弟的名字叫作成师，好事之人一听起来就感觉到有点大小颠倒了，好像万恶的旧社会，给傻老大起名叫狗剩，亲老二起名叫富贵。晋穆侯手下有一位大夫名叫师服，精通乐理，谙熟礼仪，此人创立了一套"本末论"来识人论物，他认为长子仇名贱命贵，老二成师命贱名贵，本末倒置，寓意不祥，必将生乱，祸及三代。

这和伯阳甫创立"阴阳说"预判周幽王天下大乱如出一辙，无论"本末论"还是"阴阳说"都是老祖先认识事物的辩证思维，放在今天，依然可参可考。

接下来的历史基本上按照师服的预言，犹如多米诺骨牌，跌跌撞撞往下推。

公子仇命运多舛，眼看要接老爸晋穆侯的班，结果半路上让叔叔晋殇侯给截和了，公子仇只能出奔他国。史书未记录他国是哪国，只能推断，应该是齐国，公子仇是齐国的亲外甥，齐国此时当权的是齐前庄公吕购，吕购是齐国中兴的奠基人，在位64年，他怎么会放弃公子仇这么好的风投项目？晋殇侯继位的四年后，公子仇带领追随者回国复仇，袭杀叔叔晋殇侯，公元前781年，和周幽王同年先后继位，是为晋文侯。

晋文侯夫人也来自齐国，史称晋姜。晋姜在历史上不算太出名，但在宋代考古出土了一尊青铜周鼎，因出土陕西韩城，所以称之为韩城鼎，又发现铭文中记载此鼎为晋文侯夫人晋姜所造，于是又称之为晋姜鼎，被记录在北宋吕大临所著的《考古录》中。

韩城虽然属于陕西，但不属于关中地区，而属于河西地区，是日后秦晋河西之战的焦点。晋国称霸，经河西地区图谋关中，必经韩城。在西周时期，韩城被称为古韩国，史上关于古韩国的记录很少，但可以判断，古韩国是一个姬姓之外的独立自主小国。平王西迁，二王并立，晋文侯趁着帮周平王平定周携王之乱，在公元前757年，顺手牵羊，灭掉古韩国，收归晋国所有。所以，韩城出土晋文侯时期的晋姜鼎，这与历史印证，不相矛盾。

此时的韩城，是韩万的采邑，之所以提起韩万，因为他是韩姓始祖，而且此人在晋国史上大戏连连。

晋姜鼎已无迹可寻，只有铭文一百二十一字传世，千百年来，多位学术大家苦思冥想，一直到近代郭沫若都不断考证求释。面对这一百二十一个文字符号，正常人烧脑看三遍，啥都没看懂属于太正常，但专家从字里行间解读出晋姜曾经辅佐过晋文侯成就大业。

晋姜算是中国历史上首位被誉以辅佐夫君建国立业的职业女性，文侯和夫人是一对政治夫妻。晋姜到底如何辅佐文侯，史书未曾翔实记载。

晋文侯是个政治强人，一生干过三件牛事：一是弑叔夺位；二是勤王迁都；三是灭了周携王。其中剿灭周携王让晋文侯达到了人生巅峰，得到了周平王的最高嘉奖，特书《文侯之命》，相当于今天的元首手谕嘉奖令，晋文侯因此也获得了辅佐周天子、代王征伐的最高荣誉。

周平王作《文侯之命》褒奖晋文侯，这样的王谕嘉奖，周王室只颁布过两次，而且都是晋国获得，上一次是晋国鼻祖唐叔虞向其兄周成王进献"异亩同颖"的奇异麦穗，周成王作书《归禾》和《嘉禾》昭告天下，以示表彰。不过《归禾》《嘉禾》如今只有篇名，文章已佚失。《文侯之命》则被全文录入儒家经典文献《尚书》之中。

3. 曲沃伐翼第一战

有晋文侯在，其弟成师显贤不显强。晋文侯姬仇在灭掉周携王五年之后就去世了，文侯之子晋昭侯继位，情势大变。

公元前745年晋昭侯姬伯上位，第二年这哥们干了一件蠢事，把自己58岁的叔叔成师封在了首都曲沃（也称故绛），自己迁都到了东北方向的翼城，等于把晋国经营多年的老巢让给了叔叔成师。晋国的这几个地名今天还在沿用。现在山西有曲沃县、绛县、新绛县，它们都称自己是晋国国都。翼城县则是晋国翼城的所在地。

成师贤能好德，人气超旺，史称曲沃桓叔，有名有誉。曲沃桓叔将曲沃地区治理得井井有条，朝气蓬勃，在古代有个讲究：德可聚财，因为德可聚人，人来了就是财，人是硬通货。投奔曲沃桓叔的人越来越多，曲沃成为翼城之外晋国的另一个政治、经济、文化中心。

晋昭侯接着又下了第二着臭棋。晋昭侯觉得自己是理所当然的晋国老大，亲叔叔替自己把老家治理得如此之好，劳苦功高，理应奖励，这才能彰显国君风范。而且这个叔叔贤能好德，不像老爸晋文侯的叔叔晋殇叔那样篡权夺位。于是继续给曲沃加薪加火，又派了一位贤能之士——晋靖侯的孙子栾宾辅佐曲沃桓叔。

栾宾在史上还是比较露脸的。首先辈分高，和晋文侯的爷爷晋献侯同辈，论辈分，曲沃桓叔要管栾宾叫爷爷，晋昭侯得叫太爷爷。其次，栾宾是栾姓始祖，现在的石家庄市栾城区就是栾宾家族的历史遗产。最后，栾宾生了个争气的儿子栾共子，是晋中平原上正义的化身，栾共子又生了争气的儿子栾贞子，跟着春秋霸主晋文公行走江湖。三代望族，后人以栾姓为荣，栾姓才得以源远流长。

晋昭侯只是把自己感动了，并没有感动叔叔成师，倒是成师对晋昭侯的国君位子动心了。

这时，晋国三朝元老、"本末论"创始人师服又发话了：翼城坐镇国君晋昭侯，是晋国嫡长大宗，曲沃桓叔为同门小宗，现在曲沃城大人盛，翼城暗弱无助，本弱末强，晋国内乱，指日可待。

果然，晋国开始了长达67年的曲沃伐翼之乱，春秋历史上的曲沃代翼也成就了师服的"本末论"学说。

晋昭侯的危机不仅仅是面对曲沃的本末倒置，还有自己国内的臣强主弱。一般来说，历史上臣强主弱有两种情况，一种是主人赐死臣子，另一种是臣子弑主。晋昭侯遭遇的是后一种。晋昭侯继位的第七年就小命不保，被大臣潘父杀了，潘父弑君，德不配位，当不了君主，只能迎立曲沃桓叔。桓叔得到潘父的线报和邀请，立马打了鸡血，领兵即往翼城，准备鸠占鹊巢，继承正统。谁知道晋人也是一根筋，严格恪守周礼：选贵不选贤，大宗之国绝不接受曲沃小宗头领桓叔的领导，于是同仇敌忾，奋力抵抗，把曲沃桓叔打跑了。潘父最后也是小命不保，被翼城晋人诛杀。

这是曲沃伐翼第一战。

4. 曲沃伐翼第二战

按道理，亲侄子被叛臣所杀，桓叔身为长辈应该诛叛平乱，何况晋昭侯本来就对这位叔叔非常不错。结果桓叔反而落井下石，和逆臣贼子合作去捡漏，失道寡助，也难怪晋人齐声反对。

桓叔退回曲沃，这会儿抓鸡不成，反倒成了偷鸡贼，干脆公开翻脸，另立晋中央，对抗翼城。翼城晋人拥立晋昭侯之子姬平为国君，是为晋孝侯，从此晋国进入"一国两政"。

八年后，公元前731年，曲沃桓叔死了，桓叔之子姬鳝继位，世称曲沃庄伯。从谥号来看，桓叔到庄伯，曲沃是在一步一步向诸侯国过渡。桓叔是辈分，庄伯是诸侯大佬的称谓，像郑庄公级别的大咖才别称郑伯。曲沃庄伯之子谥号曲沃武公，就甚上加甚、更上一层楼了。西周诸侯爵位分公、侯、伯、子、男五等级，受周平王通报嘉奖的晋国中兴君主姬仇也只敢称作晋文侯，曲沃桓叔之孙直接上升到武公，这说明东周之初礼崩乐坏，诸侯国称王称霸习以为常了。从曲沃武公开始，晋国后世君主的谥号都以"晋某公"相称，西周之初的爵位等级制度失效了。

曲沃庄伯上台，一改老爸犹抱琵琶半遮面的门风，不再装了。曲沃政权和翼城撕破脸皮。从那时起，蜷缩在翼城的晋国国君又多了一个历史称谓——翼侯，说明他只能代表翼城，已经代表不了晋国。

公元前725年，曲沃庄伯继位的第六个年头，机会来了，这一年翼城的晋孝侯和戎狄干上了，戎狄不依不饶一直追打到翼城的郊区。第二年，还在翼城焦头烂额之际，曲沃庄伯趁火打劫，攻破翼城，杀晋孝侯，企图曲沃代翼。结果晋人表现得还是那么执着，怎么招呼老爸就怎么招呼儿子，曲沃庄伯攻进败出，退回曲沃。晋人立晋孝侯之弟姬郄（xì）为君，死后没有谥号，史称晋鄂侯。史书中这里所说的晋人不单单只指翼城之人，肯定还有周边从属、晋国附庸。

这是曲沃伐翼第二战。

5. 曲沃伐翼第三战

公元前719年,周平王驾崩,周桓王上位,曲沃第三战拉开序幕,这是曲沃庄伯生前的最后一战,也是春秋以来最为复杂的一场战役。首先背景复杂,多方参战,涉及周天子、曲沃、翼城、郑国、虢国、邢国、荀国、随地等各方势力。其次时间长,历时三年。

战争还是由曲沃一方挑起,曲沃庄伯已经进入人生倒计时,也想在有生之年完成曲沃两代夙愿:曲沃代翼,于是单刀直入,攻打翼城。

翼城此时当权者为晋鄂侯,晋鄂侯并没有曲沃庄伯想象中那么尿,而且还请来了两个好帮手,《竹书纪年》记载:"公子万救翼,荀叔轸追之,至于家谷。"可见公子万帮手相救翼城,荀叔轸乘胜追击曲沃败军。

公子万何许人也,史书没有记载。荀叔轸来自晋国旁边一个名叫荀国的姬姓诸侯国,从名字分析,应该属于荀国的二号首长。结果庄伯夹着尾巴逃回曲沃,晋鄂侯不解气,放火烧禾。春秋时期的禾就是现在的小米,烧完之后接着干。曲沃扛不住了,最后委派还未继位的曲沃武公出面讲和,深刻检讨,双方暂时休兵。这是曲沃伐翼历次战役中，翼城一方最为扬眉吐气的一次胜利，可惜翼城一方历练太浅，只想平息事端，没有痛打落水狗，狗一旦上岸，更加疯狂。曲沃求和，是缓兵之计。

荀国，位于今天的山西省新绛县东北，荀国此次救翼，招来了日后的灭顶之灾。等到曲沃武公上位之后，没有忘记放火烧禾之辱，于周桓王十三年，即公元前707年，也就是繻葛大战那一年，曲沃武公提兵灭荀，报仇雪耻。

第二年，翼城晋鄂侯上报周天子，详述小宗曲沃谋篡大宗翼城的狼子野心。此时刚刚上位的周桓王年轻任性，正想扬名立万，振兴周室，重修礼乐，于是让虢公忌父领命讨伐曲沃。

曲沃和翼城争斗，周桓王煽风点火

周桓王上位之后，新官上任三把火，第一把火就是要力挺虢公忌父，打压郑庄公。这次让虢公忌父领命讨伐曲沃，就是要给虢公忌父表现的机会，做给老郑看。虢公心领神会，毅然出兵。不过，战果如何，史书记录模糊，留下了诸多空白。

第三年，曲沃庄伯总结往年被群殴的教训，这次反客为主，通过外交联盟，纠结各方势力，准备群殴翼城，郑国和邢国积极加入，周桓王也不知动了哪根筋，竟然也加入群殴翼城的队伍，派出武氏和尹氏领命出兵。周桓王去年支持翼城伐曲沃，今年就帮助曲沃打翼城，出尔反尔，严重不靠谱，只有一种可能，周桓王感觉自己上次出兵亏大了，该捞的好处没捞到，所以掉转枪头，要不就是翼城没给钱，要不就是曲沃给足了钱。周桓王帮着小宗殴大宗，完全有失道义，相当于婆婆领着小三殴正房，简直有点离谱。面对众多大佬兵临城下，晋鄂侯彻底尿了，只有跑路，逃往随地，《左传》载："翼侯奔随。"这个随不是今天随州挖出曾侯乙墓的古随国，而是位于今天山西介休县东南的古随城，春秋时期翼城的西北。

识时务者为俊杰，晋鄂侯是翼城唯一活下来的君主，既能打又能跑。

晋鄂侯刚刚跑路，曲沃庄伯正准备统一晋国，曲沃代翼，谁知周桓王又变卦了，明确表态不同意。西周时期，诸侯国君主继位，原则上是需要周天子册封认可的。周桓王否决曲沃庄伯，具体原因史书没有记载，只能解释为周桓王严重不靠谱，好事之人猜想：好处没到手。

眼看煮熟的鸭子飞走了，曲沃庄伯不干了，《左传》记载："曲沃叛王。"

庄伯此时和周桓王叫板搞对抗，并非明智之举，因为周桓王手上牌多。首先，曲沃庄伯名不正言不顺，需要周天子册封正名；其次，曲沃庄伯实力不济，没有达到晋文侯或是郑庄公能够称雄一方之国力。周桓王是天下共主，不能得罪。于是周桓王双管齐下，先是让虢公忌父领王命讨伐曲沃；然后册立翼城新君，晋鄂侯是周桓王出手赶跑的，已经心有隔隙，不能再用，最后立鄂侯之子姬光上位，是为晋哀侯。

历史证明，春秋初期翼城君主就是个亡命差事，推他上位就是推他上了断头台。

晋鄂侯没能重新回归翼城，算是捡了一条命。晋哀侯没忘记老爸晋鄂侯还在随地政治避难，不能不管。继位的第二年，派遣相当于今天的民政部，春秋晋国称九宗五正，虽然名字比较绕口晦涩，但字面看起来都是有关祖宗德正的正经事。此部门总长名曰顷父，委派儿子嘉父前往随地，把晋鄂侯接到更南边、离翼城稍近一点的鄂地养老，鄂就是今天的山西省临汾乡宁县，现在还保存有古鄂城遗址。顷父、嘉父父子俩因此留名《春秋左传》，古人好德，善事嘉奖留名。

晋鄂侯死于何时，《史记》记载，晋鄂侯卒于晋鄂侯六年，也就是鲁隐公五年，即公元前718年。很显然，这和《左传》记录出入较大，《左传》记录在公元前717年，即鲁隐公六年，"翼九宗五正顷父之子嘉父逆晋侯于随，纳诸鄂。晋人谓之鄂侯"，这说明在司马迁记录晋鄂侯死后的第二年，晋鄂侯之子晋哀侯的确委派嘉父慰问晋鄂侯，而且说得有鼻子有脸，不像凭空杜撰。所以，我只能认定此处司马迁有误。

晋鄂侯死后没有获封谥号，因为谥号是后人为前人所封，晋鄂侯的子孙后代都让曲沃一茬一茬赶尽杀绝了，自身小命难保，哪顾得上为先人封谥号，后世只能以其栖居鄂地而称作晋鄂侯。

曲沃、翼城同宗相煎，惨烈程度远远超过同时期的郑伯共叔段手足相残，由此可见郑庄公在处理内政外交、攻伐征战方面的手段老练。晋国因此失掉了率先称霸春秋的历史机遇，晋文侯时期创立的晋国中兴局面一毁殆尽。

2003年非典期间，山西曲沃县羊舌村因非法盗墓而发现一座春秋古墓，说来也怪，往往非法盗墓贼发现古墓早过专业考古队，就连考古神器洛阳铲也是盗墓贼发明的专利。经过考古挖掘，此墓葬为夫妻异穴合葬墓，从规模和出土文物推断，为西周早期晋国君主墓。距离羊舌古墓几公里，在20世纪60年代考古就发现了大规模晋侯墓群，被称为北赵晋侯墓，共有9组

19座晋国君主及夫人墓葬。根据出土文物和史书记录，专家推断，依次应该是晋国开国九位国君墓，燮父、武侯、成侯、历侯、靖侯、僖侯、献侯、穆侯、晋殇叔，虽然晋殇叔属于篡位，后来被侄子晋文侯所杀，但是死后依然享受国级大佬待遇，按照国君规格厚葬，埋入晋侯祖坟。

羊舌晋侯墓应该是北赵晋侯墓的延续，所以此墓应该是晋殇叔之后的接班人晋文侯之墓，没有挨着晋殇叔。这完全可以理解，谁愿意死后挨着自己的刀下之鬼安息？

但是，进一步的考古令人心生疑惑。

首先，文侯之墓被严重盗扰，这种盗扰不像盗墓图财所为，盗扰者搬走了所有的青铜礼器，但对陪葬玉器视而不见，说明盗扰者对人不对财，单纯盗扰。

其次，这种盗扰不是三五毛贼打洞钻探的行为，而是大规模的开挖掘坟，盗扰者如此明目张胆，最起码是割据一方的地方军阀。

最后，盗扰者除了搬走了代表墓主人身份的青铜礼器，还破坏了墓主人的遗体，说明此次开挖掘坟时，墓主人棺室还没有腐朽坍塌，否则，尸骨与泥土将混为一体。这说明盗扰行为发生在墓主人下葬后不久。

因此，这是一起有组织、有预谋的挖坟毁墓行为，谁干的？

可能是曲沃成师后裔所为，目标明确，就是要挖祖坟，断龙脉。文侯之墓是翼城一方的祖坟，也是翼城一方祭祀相传的龙脉，可见曲沃伐翼之惨烈，已经到了无所不用其极的地步。

至于文侯之墓被毁的时间，最可能在曲沃伐翼第三战之后，因为这次战争冲突最为激烈，曲沃一方不得已才出此下策。

6. 曲沃伐翼第四战

公元前716年，即鲁隐公七年、周桓王四年，曲沃庄伯去世，其子姬称上位，史称曲沃武公。

一看这谥号，基本可以肯定这位仁兄就是一架战斗机，打仗能手。曲沃武公好像很早就明白"枪杆子里边出政权"的道理，所以基本上把登基大典当作了曲沃政权的建军节，史书记载"尚一军"。

西周初期，周王朝就颁布了人类历史上第一部防止军备竞赛的条例，《周礼·夏官司马第四》明文规定："凡制军，万有二千五百人为军。王六军，大国三军，次国二军，小国一军。"意思是一万二千五百人为一军，周天子统辖六军，大国只能有上中下三军，二流诸侯可以拥有左右两军，三流小国建军规模不得超过一个军。这样起码在武力方面，保障周天子永远站在食物链的顶端。

春秋初期，郑、宋、齐、鲁肯定是大国，而且是周王朝体制内的大国，应该会遵守周礼。楚国根本上就不认周天子这个干爹，自立门户，所以视周礼为无物，肆意扩大军力。

这只是后人的猜测，因为史书记载寥寥，无从严考，但唯独对曲沃武公用了三个字表述：尚一军。说明曲沃政权"尚一军"已经是当时的重大国际事件，这三个字包含两个含义：一是曲沃已经明目张胆对外以国自居，虽然还只是一军之国；二是曲沃走上强军之路。

曲沃武公上位的第六年，哀侯干了一件致命的蠢事。在曲沃与翼城之间，有一个附庸小弟，史称径庭，现在的山西曲沃县听城村，"径庭"和"听城"发音近似，这也许就是历史传承中的误差。也不知道翼城哀侯动错了哪根筋，以大欺小，直接对径庭下手。

当时的径庭也就相当于一个几千人的部落，军队可能只相当于电影中的还乡团，史书上甚至找不到径庭老大的名字。

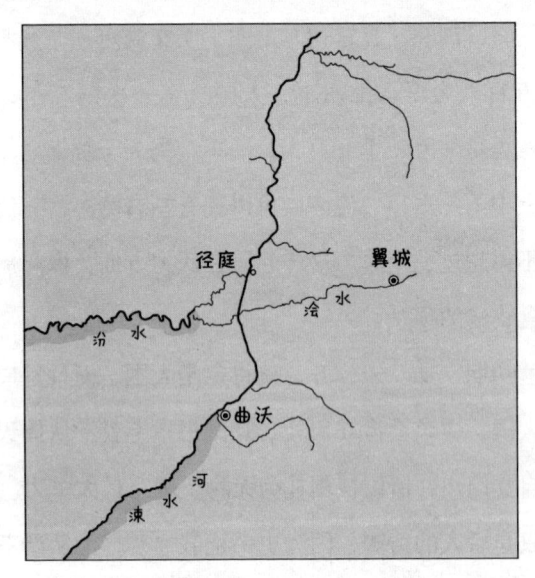

翼城、曲沃、径庭位置图

一般来说，国家争端讲究要不远交近伐，要不近交远伐，偏偏这个哀侯真把自己当成了推土机，碰见谁怼谁。他采取的策略是远攻近伐。

结果径庭反水，直接投入到曲沃武公的怀抱，建立了抗翼同盟统一战线，历史的天平开始倒向曲沃武公一方。

机不可失，时不再来。第二年，曲沃武公领着径庭直接向翼城哀侯叫板，这是曲沃伐翼第四战。

这一战基本没有留下多少历史悬念，可圈可点之处很少，所以普通民众并不熟悉这段历史。翼城哀侯和曲沃武公亲自上阵厮杀，准确地说是车杀，从史书用词推断，这场车杀持续了至少三天，哀侯驱车败逃，武公驱车追杀，哀侯车陷泥洼，马被树挂，最后翼城哀侯做了曲沃武公的俘虏。

但是这一战的精彩之处在于出现了一位精彩之人：栾共子，尊称为栾共叔，栾宾之子，堪称臣子典范。为此左丘明专门作了一篇名为《武公伐翼止栾共子无死》的散文，收录于《国语》。

事情是这样的，栾宾本来是遵照翼城晋昭侯之命辅佐曲沃桓叔一方的，结果与曲沃反目为仇，摇身一变成了翼城的隔壁老王，这和栾宾家族捍卫周礼的三观不合。翼城家族出身晋穆侯长子晋文侯血统，周礼称之为大宗；曲沃家族出身晋文侯之弟成师的血脉，周礼称之为小宗，小宗对抗大宗，属于大逆不道。于是栾宾儿子栾共子回归翼城，成为大宗翼城的铁杆粉丝。

曲沃伐翼第四战，栾共子辅佐翼城哀侯亲自参战，结果兵败被围，不知道曲沃武公是感念栾宾曾经的相助之恩，还是欣赏栾共子的德才兼备，或许二者共有，于是劝降栾共子归顺曲沃，甚至承诺推荐栾共子去做周王朝的卿士。这时候的栾共子在左丘明的笔下，升华成为正义的化身，坚决捍卫忠君不贰的封建礼仪，对曲沃武公斥之以理，并且说出了一句儒家社会的至理名言："从君而贰，君焉用之？"

最后，栾共子战斗至死。

鸟之将死，其鸣也哀，人之将死，其言也善。栾共子将死，其言大义。这就是三晋大地上春秋版的刘胡兰，难怪左丘明大书特书。

话说曲沃武公俘虏了翼城哀侯，其实就是手捧了一块烫手的山芋。春秋初期，两国交战，俘虏一国之君，鲜而有之；斩杀一国之君，几乎没有，因为这严重违反外交规则。大家都是周天子麾下龙的传人，大龙可以欺负小龙，但是大龙不可以杀小龙。《司马法》中有约："逐奔不过百步，纵绥不过三舍。"可是曲沃武公追杀翼城哀侯属于穷追猛打，绝对不止百步，直到哀侯战车抛锚，活捉为止。

打也打了，追也追了，人也捉了，曲沃一方已经相当过分，最多再让哀侯献舞，羞辱一下，跳完舞放人，败君献舞，伤害性不大，但侮辱性很强，这是春秋时期的老规矩。除此以外，还想咋办？

但是，曲沃武公真心想要哀侯死。

论辈分，翼城哀侯要管曲沃武公叫堂叔，论官场，曲沃武公要管翼城哀侯叫老大，这是手足相残，能与之相提并论的，也就是周平王和老爸周幽王这对父子了。

曲沃一方向来以德聚人，真要曲沃武公自己杀了翼城哀侯，那以后在外交上还要不要脸？

曲沃武公采取的是曲线杀人，翼城哀侯必须他杀。

这个他就是曲沃武公的亲叔叔，曲沃庄伯的弟弟韩万。之所以称之为韩万，是因为他的采邑在韩城。

于是，韩万急侄子所急，以自己的名义做掉了翼城哀侯。史书没有交代细节，总之，韩万杀了哀侯，地位日趋重要。其后辈们在晋国高举韩氏大旗，独霸一方，最终三百年后，三家分晋，形成韩国，韩姓才得以源远流长。

7. 曲沃代翼

哀侯被杀之前，翼城就已经把哀侯之子姬小子立为国君。没办法，国不可一日无君，国君就是蜂巢里的蜂王，虽然不会采蜜，但是没有蜂王，工蜂自散。

姬小子上位的第四年，让曲沃武公骗到曲沃做客，不用遮遮掩掩，直接给杀了。这位国君，死后未获谥号，后世史学家为了方便传世记录，送了一个称谓：晋小子侯，虽然听起来有点别扭，但人家这个级别的人，死了就得享受这个待遇。

曲沃当局这么肆无忌惮地宰杀国君级别干部，此时的周桓王看不下去了。估计翼城当局也在鬼哭狼嚎般四处喊冤告状，周天子再不出手，以后就没人认他做干爹了。

于是，周桓王派出另外一位虢公序列政客：虢公林父。这个虢公林父之前在繻葛大战中已经露脸，曾经干过周天子右路军统帅，只不过在繻葛大战中成了败军统帅。他的前任虢公忌父曾在十几年前代表周桓王教训过曲沃，而且不辱使命。对于这两个虢公序列，司马迁称前者为虢仲，后者为虢公，一字之差，容易烧脑。

虢公林父这次也不辱使命，不用两军对阵，曲沃武公就认尻，就差献舞认错。不是曲沃武公尻，是实在不敢得罪周桓王。曲沃一方本来就名不正言不顺，又不守周礼，如果天子都不认，那不就成了叛军？

于是，虢公林父又帮着翼城一方物色新君。此时晋小子侯后继无人，或是子幼不当立，谁能料到四年间哀侯父子都会命丧曲沃，再快速度的生养，也接不上这么快速的死法。没办法，只能往上找，最后选定了哀侯的弟弟姬缗（mín）。估计姬缗也是横下一条必死之心，对于翼城来说，国君风光继位，就相当于英勇就义。

这一年，南方的荆楚大地上，楚武称王，举行沈鹿会盟，公开和周桓王叫板。从此，周天子站在食物链顶端的地位开始动摇了，国际形势开始有利于曲沃政权。

其实，从曲沃伐翼第四战之后，晋国的金字招牌已经名存实亡，曲沃政权的风头完全超过翼城当局，曲沃代翼只是时间问题，最大的障碍还是要看干爹周天子的脸色。

从姬缗上位起，前后二十八年，曲沃武公经历了三任干爹，从周桓王、周庄王到周釐王。最后曲沃武公眼看身体不济，即将西行，也想在有生之年过一把国级干部的瘾，于是发动了曲沃伐翼的第五次战争，摧枯拉朽般横扫翼城，姬缗以被杀的方式，让同宗兄弟送进了祖坟。

周釐王还来不及表态，曲沃武公就已经把占领翼城所得的晋室藏宝，呈现给这个现任干爹。周釐王大喜，随即诏令曲沃武公匡扶晋室，重新扛起晋国的金字招牌。

但是周釐王留了一手，武公建国，国格降低，晋国军队只可保留一军，即一万二千五百人。

这场曲沃伐翼之争，同宗相残，晋文侯的弟弟曲沃桓叔祖孙三代，历经67年，逐杀文侯之后的五位国君，最后取而代之。

这一年，春秋历史高潮来临，齐桓公开始称霸诸侯。

第二年，曲沃武公死了。

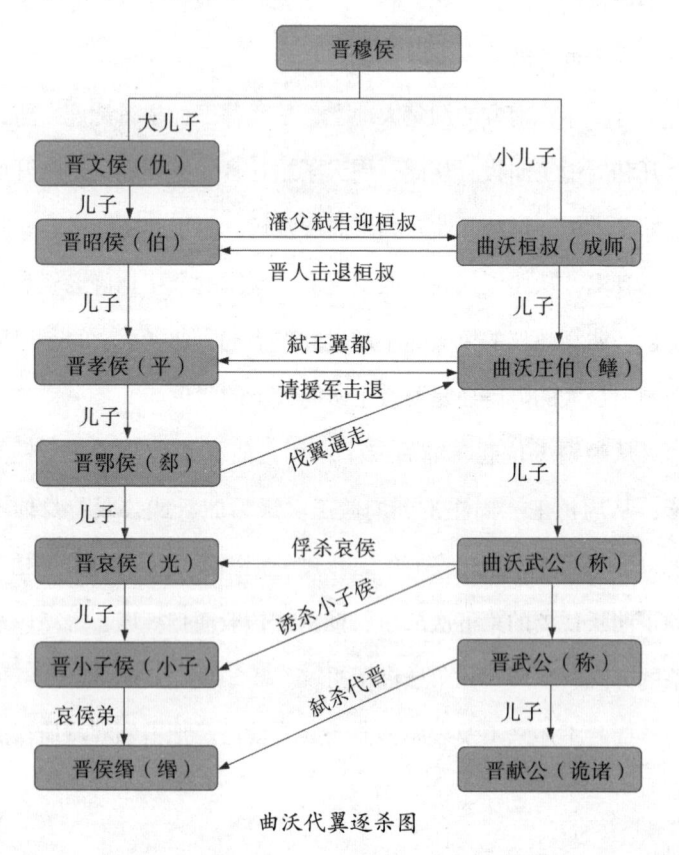

曲沃代翼逐杀图

第十二章

楚武称王

1. 人小心大

繻葛之战，郑庄公刚刚打了周天子的右脸，楚国的巴掌就瞄准了他的左脸。

楚国此时当权的是熊通，人小心大，后世称为楚武王。郑庄公继承郑国的四年后，公元前740年，楚武王通过杀了他哥哥楚厉王熊眴（xuàn）的儿子，以兄终弟及的方式上位。当了三十多年的楚国老大之后，楚武王觉得有点委屈了，嫌自己爵位太低，周王朝爵位等级：公、侯、伯、子、男，楚国是子男爵，子男爵到底是子爵还是男爵？或是比子爵低、男爵高？杜预定义为子爵，反正是小得和周天子搭不上话。中原地区齐、鲁、郑、宋、蔡、卫、陈这些诸侯哥哥，屡次结盟，都不带上楚国玩，联姻结亲也轮不上楚国，楚武王只能娶了邓女，眼看着齐、鲁、宋、卫等大国美女被其他诸侯老大在敲锣打鼓中一一抱走，楚国的自尊心被刺伤了。

还不是因为官小。别的国君都被尊称"某某公、某某侯或某某伯"，楚国国君羞答答地被称为"楚子"，这称呼，没法在国际舞台上混。

实际上春秋初期楚国已经是实力一等一的大国，而且也是名门之后，远祖是三皇五帝之一的颛顼（zhuānxū），近祖火神祝融，再近一点的祖先鬻（yù）熊。《史记》载："鬻熊子事文王"，意思是鬻熊像儿子一样伺候周文王，周成王时期鬻熊的曾孙熊绎被封在丹阳，按照子男爵位，封地建国，虽然是姬姓后裔，但楚国自许芈姓熊氏。

古丹阳到底是今何地？说法众多，从古至今形成当涂说、枝江说、秭归说、丹淅说四大流派，目前走红的是丹淅之说，即丹江北岸，淅水南流汇入丹江之处，又称"丹淅之会"。现在的南阳淅川一带，古代谓水之北为阳，又有部分考古佐证，所以丹淅说的根据较为充实。

其实有关丹阳的考证之所以众说纷纭，归结为一个字：穷。其他诸侯国的国都叫作都城，最起码筑墙围城，楚国的国都丹阳只能叫作"棘围"，意指篱笆围城，说白了就是篱笆墙围的农家小院，所以基本上没留下可供考古挖掘的痕迹。后世对于古丹阳的考证仅仅局限于文字游戏，各路玩家，嘴仗不断。

发生在楚国的还有一个成语典故"筚路蓝缕，以启山林"，说的就是楚之先民，破衣烂车，开荒种地，教化蛮夷，也是古代版的南泥湾。穷人的孩子早当家，楚国只有励志国人，埋头苦干，逐渐家大业大胆子大。到第六任国君熊渠当政，西周老大是周夷王，熊渠觉得自己是蛮夷之地，天高皇帝远，不必拘泥中原礼制，干脆就给自己三个儿子直接封王了。老大熊康为句亶王，老二熊挚为鄂王，老三熊延为越章王。之后周厉王上位，这位老大性格暴虐，老百姓平时见面都得用手势讲哑语，生怕讲错话被捉监下狱，熊渠认怂了，怕周厉王兴师问罪，于是赶紧撤销封号。

到了熊通上位，准确地说应该是篡位，丹阳这个农家小院已经兜不住这位牛人的野心。暴发户发达了，谁还不急着置业换房。于是熊通开始搬家了，举国南下，渡过汉江，迁都到江汉平原的腹地，汉江汇入长江的夹心地带——郢，也被称作郢城或郢都。郢都几经变迁，最终定位在现在的湖北省荆州市，古称江陵。

《世本·居篇》记载："楚鬻熊居丹阳，武王徙郢。"

从此，楚国进入中兴时期，直到战国时期秦将白起拔城的四百余年，郢城一直作为楚之国都。

楚国虽然人多地广，但在齐、鲁、郑、宋等中原列强眼里，就是个泥腿子上岸的农民企业家，破衣烂车没文化，姓的是名不见经传的芈姓，所以都不带他玩。楚国认为自己已经是大家富户了，别人还是不待见，归因在于爵位太低、官微言轻。

繻葛之战，楚国看到了希望：威望不是天生的，是打仗打出来的，老子也要打，先找邻国练练手。

2. 楚与周天子恩怨已久

楚国的隔壁是随国，现在的湖北随州，也称曾国，一国二名，和北方河南方城县曾国、山东兰陵县曾国并非一脉相传。北方曾国继承的是夏朝祭祀，姒姓曾氏，随国虽然也叫曾国，但创始人是《封神演义》中的大将军南宫适，传承的是西周香火，姬姓诸侯。南宫适是传说中的"文王四友"之首，和散宜生、闳夭、太颠并称周文王的四个铁哥们。

随国是二等侯爵，比楚国的子爵官高三级，卡着楚国通往中原的咽喉要道，素有"汉东之国，随为大"的说法，是"江汉诸姬"中的老大，一直和周王室穿着一条裤子。周天子初心是让随国看住西周的南大门，守住楚荆蛮夷，其中楚国是重点监管对象。

江汉诸姬是西周时期对汉水中游和淮河上游地区的随、唐、蔡、应、息等数十姬姓诸侯国的统称，周王室分封江汉诸姬的目的在于用姬姓兄弟守卫荆楚、于越、淮夷地区。荆楚地区一直是周王室的一块心病，荆楚大地不同于中原腹地，山高水远，原住民只认吃不认礼，不服王法，没有披荆斩棘、穿山越林的功夫，你很难混下去。所以周王室的姬姓兄弟们来到此地都水土不服，只能在江汉以北画地建国，眼巴巴地看着芈姓楚人逐鹿江汉，称王称霸。

但是荆楚大地对周王室又很重要，因为一座山：铜绿山，位于现在的湖北省大冶市西南三公里。2012年11月17日，铜绿山古铜矿遗址入选《中国世界文化遗产预备名单》。铜绿山盛产铜矿，开采于殷商时期。那个年代铜矿就是今天的稀土，绝对的战略物资，也是市场流通的硬通货，从高精尖武器——战车、矛、戟、戈、殳，到青铜礼器，都离不开铜。西周第四任国君周昭王当年伐楚，一为平楚，二为夺铜，战后封赏有功之士，赏赐的当然是铜材，那时候，除了金银玉器，就数这玩意儿最值钱。

周昭王伐楚是想承接爷爷和老爸开创的成康盛世，干一票大的，让荆楚大地也沐浴在周礼的阳光之下，顺便再去铜绿山搂草打兔子，发点小洋财，搬点铜材回去。

还有一个原因，成康时期，周天子历次用兵都是针对东、西、北三面，南蛮地带属于天高皇帝远、荆楚草莽。三监之乱后，一些残余分子也趁机作乱，藏匿于此，并且和周天子对着干。《史记》记载："及周成王少时，管蔡作乱，淮夷畔周。"

于是周昭王分别在周昭王十六年和周昭王十九年两次伐楚。需要说明的是，周昭王伐楚，不是针对芈姓楚国，而是面向整个荆楚大地，楚国只是荆楚大地上蛮匪林立中的一支正规军。

西周时期天下大势保持大统一、小分裂的局面，不同于东周时期大分裂、小统一，周王室还是有名有实的一哥，绝对站在食物链的顶端和道德的制高点，小小子爵的楚国不可能螳臂当车。况且在成康盛世时期，周王室把楚国当作小跟班，楚国一直把周王室视作大哥，周昭王没有理由御驾亲征、大动干戈，对楚国兴师问罪。

周成王仿照老爸周武王的孟津会盟，也组织了一次岐阳之盟，也称岐阳之蒐（sōu），就邀请了熊绎参加。当时有同姓之盟，异姓退后的规矩，偏偏熊绎祖上是火神祝融，继承祖业，最后获得了一个照看篝火的差事，美其名曰守燎。相当于应邀赴宴，结果只能给客人斟酒，看着别人干杯，还得热情鼓掌。即使这样，对远在丹阳的楚之先民来说，也是莫大的鼓舞。

周王室和楚国当时保持着大哥和小弟的关系，小弟听话，大哥没理由叫板，因此，周王伐楚，芈姓楚国应该和周天子是同穿一条裤子。

伐楚结果很狼狈，周天子的宗周六师很被动，相当于进山剿匪，正规军遇上了游击队。荆楚大地，江河纵横，山林杂生，不利于列队车战。即使有江汉诸姬各国的鼎力支持，宗周六师进入荆楚大地，仿佛陷入了人民战争的汪洋大海之中，荆蛮土著统一战线，共同抗周。据《帝王世纪》记载，周昭王率宗周六师乘坐荆蛮土著提供的船只横渡汉水，不料中计，渡船是用胶水黏合的，行至江中胶溶解体，周昭王溺水而亡，六师尽丧。

听起来有点不可思议。能运送周天子率领的宗周六师渡汉水的船队，应该不是个小数目，竟然全部用胶水黏合造船，做到无人察觉，并且计算精确。之前停在岸边悉数完好无损，专等周天子征用之后，船行至江中才纷纷解体，组织严密，算计精准，完全超越《三国演义》中的火烧赤壁。敌人太狡猾了，难怪周天子两伐无功。

周昭王南渡汉江溺水，此时的楚国在汉江之北的丹阳，更进一步说明了周王伐楚，并非针对丹阳的芈姓之楚，而是平叛整个荆楚南蛮，其实最终受益的还是芈姓楚国。试想一下，自己所在小区的小流氓、混混哥全让警察给端了，能不开心？本着谁受益谁背锅的原则，周昭王溺水而亡的历史旧账被记到了楚国身上。

《史记》只用了"南巡不返"四个字记录，并认为周人忌讳此事。忌讳越深，伤之越深，荆楚大地是周王室的国殇之地。

因此，楚国一直不受周天子待见。

即使周昭王南巡不归的三百年之后,齐桓公称霸伐楚,楚国质问齐国:齐楚两国相隔甚远,本是风马牛不相及,为何攻打我楚国?齐国质问楚国:当年周昭王南巡不返,楚可知罪?

楚国回答得很幽默:周昭王南巡不返,你问我,我问谁?要不你站在江边,去问一问汉水啊。

3. 楚武称王

楚武王三十五年，鲁桓公六年，周桓王十四年，公元前706年，楚国要拿随国开刀，谁要你随国是周天子派来的警察。楚武王先派大军压境于瑕地（今随州市随县境内），然后派遣薳（wěi）章和随国谈判。

史称楚武伐随第一伐。

薳章是楚武王的侄子，楚厉王的儿子。此人心大，哥哥被楚武王所杀，竟然还在跟着仇人混江湖，看来楚厉王的儿子们各穿各的裤子走道，用心不齐，所以楚武王才有机会杀侄篡位。

楚武王之所以要谈，因为暂时还不想撕破脸皮，随国还有利用的价值。随国本来打算马上御敌，结果改成了和谈，感觉倍有面子。随侯派出宠臣少师前往，少师这名字给人感觉好像就是少帅，年轻少壮，鹰派作风，代表随国与楚国谈判，气势夺人。

其实这个少师好大喜功，头脑简单。相比之下，楚武王熊通聚贤纳士，气场超强，自己的叔叔斗伯比也凑过来踊跃谏言，大概意思是：这个少师好大喜功，我们可以利用这点，假装军队很弱,以助长随国骄傲自大的心理。汉东诸国随国最大,随国自大了就会疏远其他小国,这对楚国有利。随国虽然还有贤臣季梁,但他不受重用,不必担心。

斗伯比是楚国的第一任令尹,斗姓始祖。令尹是楚武王自创官职,文气十足,第一重臣,相当于宰相,大司马排在第二,是军事首长。斗伯比才是一双鹰眼,高瞻远瞩,江汉诸姬后来被楚国陆续收入囊中,几乎如斗伯比所料。

楚武王故意装出军容不整,士气低迷,等着随国少师借着和谈之际前来参观。少师看过之后,断定楚军实际上就是一支杂牌军,对付楚国,随国足矣,其他江汉诸姬联合起来都多余,可以忽略。

历史证明,随国灭亡在于狂妄自大,西周王朝处心积虑建立起来的统一战线,被随国丢弃了。江汉诸姬拉起手来就是对付楚国的统一战线,分手之后就是楚国的盘中餐。

楚国停战谈判,放长线钓大鱼,还向随国提了一个要求:我们国大爵小,官不配位,请随侯跟周王说说,给我楚国升个官,弄个侯爵,最好弄个公爵,看以后谁还敢叫我"楚子"。

少师骄傲了,随侯骄傲了,这哪叫停战谈判?简直就是请客送礼闹革命,太有面子了。少师不辱使命,为国争光,随侯加倍宠爱。

此时,楚武王、随侯、周桓王的角色,有点像《西游记》

里的美猴王、太上老君和玉皇大帝。

可惜周桓王这位玉皇大帝犯了一个东周王朝开张以来最严重的错误，根本就听不进随侯这位太上老君的谏言。本来楚武王又不要你管饭，既然想做你的官，就想围你转。周桓王给楚武王加封个侯爵或公爵，对自己有百利而无一害，荆楚大地上多了一个有钱有势的干儿子，长的是周天子的威风，灭的是中原齐、鲁、郑、卫、宋这些不听话诸侯的志气，就凭这一点，别说干儿子，就是赐个姬姓，认楚人做亲儿子也是值的。结果，周桓王对于爵位的封赏数量实行严格的计划方针，原因是周桓王手里就剩这么点特权批文养家糊口，只有奇货可居，才能卖个好价钱。

楚武王的自尊心被严重伤害了，《史记》重笔记载："楚熊通怒曰：'吾先鬻熊，文王之师也，蚤终。成王举我先公，乃以子男田令居楚，蛮夷皆率服，而王不加位，我自尊耳。'"

于是楚武王三十七年，周桓王十六年，公元前704年，楚国称王，与周王室南北对峙。历史上有一种观点，认为春秋时期自楚武称王开始，就标志着姬姓周王室的沦丧，因为天无二主。

《春秋》显然认为楚武称王是大逆不道，拒不记载，不发文，不报道，不承认。

第二年，楚武王熊通效仿周平王，迁都于郢。

第十二章 楚武称王 215

楚武称王

依据现代历史地理学家石泉先生在其著作《古代荆楚地理新探》一书中的推算，楚都迁郢的具体时间应该在楚武王三十八年至四十二年初，也就是公元前703—前699年初。无知者无畏，窃以为：楚武称王的第二年，即公元前703年应该是楚都迁郢的最大可能时间。

首先，第二年迁都是楚武称王的最佳时间。楚国初据丹阳，实际上是为了和周王室靠近，古丹阳乃丹浙之会，是古代江汉平原通往宗周镐京的快速通道，从这里往西北，溯丹江，经蓝关，越秦岭，达关中。那时候，楚国和周天子是小弟和大哥之间的关系，越近越好；现在楚国称王，和现在的周天子是背叛关系，能远则远。虽然现在是东周，丹阳和成周依然很近，熊通称王，北上显然冒进，坐等可能挨揍，南下迁都是最佳之选。

其次，楚都迁郢，无论以后的都城鄀（Ruò）、陈城和寿春等地，都以"郢"相称，"郢"字为会意字，意指王之所在地。所以楚之国都以郢相称，是与楚武称王相辅相成的，先称王，再选地，搬家更名，顺理成章。

现代考古，发现了三处郢都故址：江陵纪南城、宜城楚皇城、当阳季家湖楚城遗址。其中宜城楚皇城被石泉先生推断为楚武迁郢的初始地，当阳季家湖楚城应为春秋中晚期的郢都，荆州市荆州区的江陵纪南城是目前荆楚地区发现的规模最大的

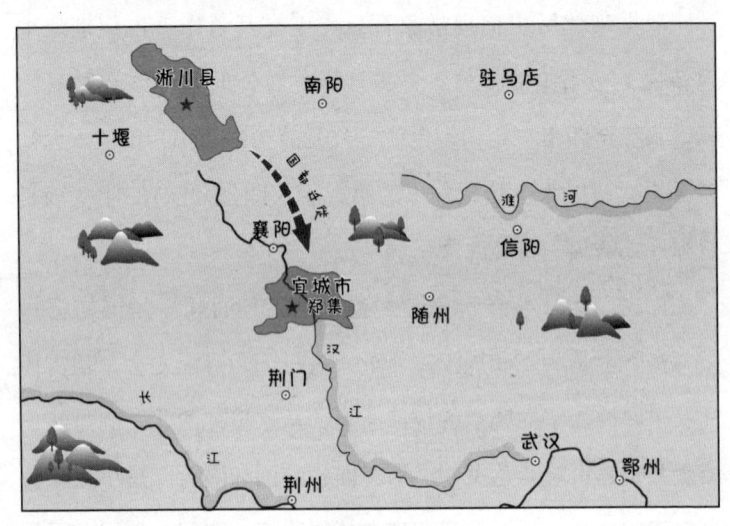

楚武迁都图

东周城址，只可惜纪南城遗址遗存只可上溯到春秋中晚期至战国早期，可以断定为楚国鼎盛时期的国都，也是郢都几番迁徙之后的最终归属。

关于迁都于郢，司马迁另执一词，认为是楚武王的儿子楚文王干的，《史记·楚世家》载：文王熊赀（zī）立，始都郢。这一点我真心不敢苟同，且不说这与楚武称王的历次战争中的地理场景不符，也和《世本》记录不合，《世本》成书在先，曾是司马迁编写《史记》的参考文献，难道出处不及克隆真实？司马迁或许笔误之下犯了一点小错，只不过司马迁影响力大，他的观点流行了两千多年。

4. 小道大淫

楚武称王，不能偷偷摸摸、简简单单把"楚子"的称呼改为"楚王"，怎么也要举行一个开张大典，昭告天下：我是楚天子。于是当年夏季楚武王模仿当年周武王八百诸侯会孟津，召集了一些南方小兄弟，主要以江汉诸姬为主，外加巴国、庸国、陨国、轸国、贰国、罗国等名不见经传的三流小国，在沈鹿举行楚王室成立大会，史称"沈鹿会盟"。沈鹿位于今天的湖北钟祥市东。江汉诸姬原本以背周抗楚形成统一战线，此时纷纷倒戈，抢抱楚国大腿，转而形成背楚抗周的统一战线。

这次楚国隔壁的随国又摊上事了。

"沈鹿会盟"有两个诸侯爽约，一个随国，一个黄国，黄国是黄姓始祖，位于现在的河南省信阳市潢川县，比随国更北。随国和黄国世代联姻，互为亲家，两位同时爽约，楚武王当然不爽。但楚武王不愧是春秋小霸，原则问题上坚决不退让，斗争策略上机智灵活，没有采取一刀切，而是分而治之，一个吓，一个打。对于黄国，派自己的侄子蒍章前去问责，毕竟现在是楚天子了，凡事得讲个规矩，不要贻笑大方，以前的江湖流氓作风要改一改，黄国面对楚国淫威，俯首认错，态度诚恳，此事一笔勾销。关键是黄国离得远，更近中原，打起来不顺手。

对付随国不需要采取外交手段，直接打。早在沈鹿会盟之前，楚武王听取叔叔斗伯比的建议：随侯专宠少师，真正的贤臣季梁坐了冷板凳，君臣有衅，我们该下手了。随国爽约沈鹿会盟，正好送上借口，该干就干。

季梁，随国大夫，姬姓子孙，随国被史书唯一记录下来的良臣。两年前楚国伐随，少师代表随国谈判，看到楚军邋邋遢遢，萎靡不振，立即雄心大振，报告随侯，季梁当时就指出：这是楚武王的骄兵之计，谏言随侯修政治国。

这次楚国伐随是动真格，不用再遮遮掩掩，楚武王亲自领兵，这是楚武称王以来的首战，自诩御驾亲征。既然是楚天子了，就应该像个天子样，打仗要讲文明、懂规矩，约战叫阵，排兵列队，严格执行春秋礼仪。

史称楚武伐随第二伐。

随侯这两年多少听取了季梁的建议，修政治国，收效不错，国力日增，再加上少师不断给随侯打鸡血，面对楚国大兵压境，随侯也不甘示弱，亲自上阵。楚随两国在速杞对垒。速杞位于今天的湖北广水市，是大别山和桐柏山的东西交会点，中国地理南北要冲，历来兵家必争之地。境内胜武关，与东边的九里关，西边的平靖关，被称为扼守楚豫南北交通的大别山义阳三关。

关于如何迎敌，少师和季梁各执己见。少师作为鹰派，坚持斗勇，敢于亮剑，要打就打硬仗；季梁坚持斗智，先向楚军示弱求饶，是骄兵之计，楚军肯定铁了心要干架，我们再动员士卒：此战"小道大淫"，是荆楚帝国强加给我们的。这是哀兵之计，骄兵必败，哀兵必胜，然后阵前叫板。我们先拣软柿子捏，楚人以左为上，以右为偏，左军肯定是楚王带领的是精锐之师，右军弱之，我们可以全神贯注打右军，右军溃散，左军必然军心大乱，后进拖先进，裹挟而退。

"小道大淫"是季梁针对楚随之争，向随侯进谏的一项基本国策，现在乍一听容易误会，其实"小道大淫"指的是：小国修政有道，大国枉施淫威，小国意指随国，大国意指楚国。

总之，"小道大淫"相当于现在的韬光养晦。

随侯也是个硬茬，采纳了鹰派少师的意见，准备鸡蛋碰石头，死磕，准确地说，是把自己往死里磕。

没有悬念，随军大败，溃不成军，少师殉国，随侯弃车而逃。

在随国，除了随侯这张脸，就数随侯乘坐的戎车最能代表国君，结果座驾被掳，相当于随侯的脸被楚国撕掉了一半。

楚武王想继续乘胜追击，斗伯比以言相劝：大王身份不同了，不是以前的荆蛮楚子了，打仗还是要遵守国际秩序，逐奔不远，纵绥不及，否则德不配位，何以君临天下？况且随国的鹰派人物少师已被我军所灭，见好就收，何况随国还有贤臣季梁、后台老板周桓王。

至此，楚武二次伐随结束，楚武王接受了随侯的停战条款，双方秋季结盟。

楚国称王，周桓王也没招，以他目前的实力已经没法南征荆楚，只能眼看着"江汉诸姬"各国纷纷和楚国结盟。

5. 敬酒不吃，等吃罚酒

随国是"江汉诸姬"之首，随国已经向楚国认怂，其他"诸姬"也纷纷效仿。

收拾随国之后的第二年，远在华夏西南的巴国也开始向楚国献媚。

巴国，国都江州，现在的重庆市渝中区，当时算得上文明古国，建国历史绝对超过现代欧洲的任何一个国家，远祖是华夏人文先祖、太极八卦的创始人伏羲，也是西周册封的七十一个姬姓国之一，爵位是子爵。

巴国这次派遣了一位使臣韩服前来向楚武王汇报：报告老大，我们巴国想和邓国建交，请您帮忙引荐。

楚武王是邓国的女婿，于是又派了一位大夫道朔亲自陪同巴国使团北上前往邓国。邓国在楚国以北，现在的河南邓州市，虽为侯爵，但在春秋国际舞台上，并不受人待见。

《春秋》记载，桓公七年，"邓侯吾厘来朝"。意思是直呼邓侯之名吾厘，千里迢迢前来拜访鲁桓公，《左传》解释又给这位邓侯权威地补了一枪："名，贱之也。"意思是蔑视其人，所以直呼其名。

邓侯吾厘唯一值得骄傲的是两个女儿。因为邓国公族姓曼，所以对于这两个女儿史书上都以邓曼相称。两个邓曼嫁了两个牛人，一个是春秋第一小霸郑庄公，生了郑昭公公子忽；另一个嫁给春秋第三小霸楚武王，生了楚文王。嫁给楚武王的邓曼被汉朝的刘向收录进入了《列女传》。

按照常理，一个女婿半个儿，邓侯手上有两个春秋小霸的女婿，要多牛有多牛，可这个邓侯吾厘偏偏不会做人，两个女婿都不怎么把他当作老泰山看待。

巴国拉上楚国要和邓国搞好关系，本来就给楚国长脸，又给邓国长面子，谁料到走到邓国南部的附庸国——鄾（Yōu）国地界，鄾人贪图巴国使团给邓侯的见面礼，干脆劫财杀人。

鄾国，邓国南部郊区，太小太弱，只能称为鄾地，据推测是在现在的襄阳市襄州区张湾镇，鄾国是邓国附庸。邓曼的出生地就在鄾地，可见鄾国和邓国关系之好。鄾国仗着和邓国世代联姻，有事大哥顶着，可以放心杀人越货，而且杀的是风头正猛的楚天子的知名大夫道朔。鄾国当家的无知无畏。

楚武王震惊了，这简直是国之耻辱。看在邓国是楚国老泰山的面子上，楚武王先派薳章前往邓国，进行外交调解。薳章尽管擅长谈判，可这位邓侯吾厘就是不认账，不接受，不承认，不解决，你们看着办。

邓侯此举其实事出有因，早在七年前，即鲁桓公二年，也就是公元前710年，郑庄公和蔡桓侯，应邀专程造访邓侯吾离，用现在的外交公报辞令说：就楚国崛起对诸侯间国际局势的影响交换了意见，也就如何遏制楚国的狼子野心达成了某些共识。《左传》记载："蔡侯、郑伯会于邓，始惧楚也。"

所以，邓侯吾离这次才做了傻事。

楚武王震怒了，是可忍，孰不可忍，楚天子的威严受损，长此下去，谁还认我做大哥？打，必须打。楚武王派出楚国最能打的大将斗廉出征。

斗廉是楚武王的叔叔，斗伯比的弟弟，这哥俩一个能文，一个善武，共同开辟了斗氏家族，是当时楚国上下最大的政治集团。

等不及秋高气爽时再动手，夏季就干。于是巴、楚联军打着楚天子的旗号围攻鄾国。邓侯吾离对于鄾国相当仗义，派出邓国的养甥、聃甥领兵救援，养甥、聃甥和雕甥被合称为春秋"三甥"。一般来说，能被另外冠名的人物组合，那肯定是一组牛人，这"三甥"牛人都有一个共同点，就是称呼中都有一个"甥"字，"谓我舅者，吾谓之甥"，可见这"三甥"就是一组外甥组合。

邓侯一次派出了外甥组合中的两个抗楚援鄾，也算高大上阵容，可惜这哥俩是一对菜鸟。《左传》记载："三逐巴师不克。"单挑巴国军队，往返三次冲杀，没有取胜，楚巴联军中，楚军是领衔主演，巴军只是配角。配角都打不过，就别跟高手过招了。

可是，这哥俩很执着，为了维护"三甥"的英名，必须出击。这次该轮到斗廉露脸了：既然这两个熊孩子这么执着主动出击，那就布个阵，让他们钻一钻。

于是他将楚军摆在中间列队迎敌，巴军位于两侧作为啦啦队。养甥、聃甥带领邓军英勇冲杀，斗廉领着楚军佯装败退。

养甥、聃甥这时候脑子肯定让冲劲给烧坏了，没有仔细想一想，配角都打不过，主角能让他们追着玩？等他们追过巴军，楚军站住了，巴军也从后面围上来了，前后夹击。这就是口袋阵，只是当时没发明口袋这个词。

左丘明用词："邓师大败，鄾人宵溃。"

春秋讲究文明打仗，所以很少用"歼"或"灭"等词记录战争，"邓师大败，鄾人宵溃"已经算是战败的极致形容。可见邓国的确是结结实实地挨了楚国这个女婿一顿胖揍，这是敬酒不吃，等吃罚酒。

两位手拉手的兄弟，郑庄公和蔡桓侯此时在乘凉观战，最多声援几句。

邓侯吾厘这个老泰山颜面尽失。

6. 蒲骚之役

教训完老泰山邓侯吾厘的第三年，公元前701年，鲁桓公十一年，楚武王又想结盟了，这次的结盟对象是轸国和贰国。

轸国、贰国很为难：报告老大，我们已经盟过了，就在几年前的沈鹿会盟。

楚武王不依不饶：不行，还要再盟，深度会盟。

楚国要加深会盟，是因为诸侯国普遍认为楚天子是伪政权，有违天命。周天子来头正宗，起码国君继位就需要周天子册封，周天子自认为地位很高，也从来不玩会盟，只玩册立封爵、周礼教化，在周天子眼里与诸侯会盟有失身份：小屁孩，过家家。楚武王要想巩固老大地位，不能老是打仗恐吓，也要注意身份，讲究文明，就只能玩会盟了。

左丘明感言："苟信不继，盟无益也。"

《诗经·小雅·巧言》云："君子屡盟，乱是用长。君子信盗，乱是用暴。"

楚国也似乎中了屡盟兹乱这个魔咒。

楚国要和轸国与贰国深度结盟，惊动了楚国之前的另一个盟友：郧国。

郧国，现在的湖北省安陆县，属于外来移民，老家是在湖北十堰市的郧县，现在称作郧阳区，和楚国也是世代联姻的亲家，楚若敖娶郧国公主生了斗伯比，斗伯比娶的表妹也是郧国公主。

郧国这次一百个不爽，是因为郧国地处轸国和贰国的中间，贰国在北，今天的湖北广水市境内，轸国在南，今天的湖北应城市西，郧国就是个夹心饼。

这就好比有一天，派出所片警要和老王的左右邻居建立警民共建热线，没人搭理老王，可以想象老王啥心情：这分明是针对我老王，当我是严打对象。

于是郧国准备反水：沈鹿会盟是瞎盟了，想灭我，没那么容易。

郧国之所以敢于反抗，是因为郧国联合了四个哥们共同抗楚，随国、绞国、州国、蓼国。

随国，已经是楚国斗败的公鸡，但是如果要打群架，群殴楚国，算上兄弟我一份。

绞国，有点实力，赢在地利，守着汉江和堵河交汇处的黄金水道，位于现在的湖北十堰市丹江口、郧阳区和陨西县一带，临近南水北调工程丹江口水库。在古代，这里是秦楚走廊、蜀楚咽喉。楚国觊觎已久，绞国也防备已久。

州国，有南北州国之分，北州国在山东，南州国在荆州的洪湖市黄蓬山,这里所指为南州国,地处鄅国和轸国以南。

蓼国,全球华人廖姓发源地,开国国君为蓼叔安,故都位于河南省南阳唐河县胡阳镇的蓼山脚下。蓼阴河、蓼阳河作为古蓼国的历史遗产流淌至今,千百年来,每年农历二月廿八,当地民众都会在蓼山顶上的蓼王庙举行庙会,纪念廖姓开山始祖,祈求五谷丰登。

鄅、随、绞、州、蓼五国是为了反抗楚国共同的压迫走到了一起。好比现在芳邻雅舍,大家和睦相处,结果隔壁出了一个地痞流氓,周围邻居胆战心惊,最后跳出来一个胆大的,振臂一挥:搞他。邻居们有人声援,有人动员,有人行动。

但这个五国联军,有一个致命缺点,就是缺少真正的老大,无论是军事领袖,还是精神领袖。鄅国虽然是挑头的,也只能是鸡窝里的公鸡,还远远不是公鸡中的战斗鸡,缺担当,少实力。

没有老大的组织,就没有战斗力,现在如此,古往今来更如此。

其实真正的老大还是楚国。会盟贰国和轸国,楚武王派出的是自己的儿子屈瑕,屈姓始祖,大诗人屈原的先祖,官职莫敖。史上常常称作莫敖屈瑕,屈瑕甚至成为莫敖这个官职的代名词,就像我们的二十世纪六七十年代,周恩来就是总理的代名词一样。

莫敖和令尹一样，都是楚国自创自设的官职。楚国历代君主起名，偏爱"敖"字，例如：若敖、宵敖、庄敖、郏敖，湖北话"嗷嗷得很"就是牛得不得了，"敖"代表君权独占鳌头，"莫敖"代表仅仅低于君权，所以当初莫敖一职的权力指数排名第一。到了斗伯比担任令尹的时代，斗伯比凭借自己知人善任、高瞻远瞩，深得楚武王赏识，把令尹一职的权力指数提升到和莫敖平起平坐。又到了斗伯比儿子担任令尹的时代，令尹子文凭借自己开创楚国第一名相的历史地位，把令尹一职的权力指数提高到排名第一，并且一直延续到楚国灭亡，莫敖一职则被踩到大司马之下。事在人为，官在人做。

郧、随、州、绞、蓼五国要反水是形势所逼，但这一队组合的缺点太致命：不但没老大，而且队友都很弱。要造反就造反，非要大张旗鼓、昭告天下，这就犹如一群地痞小混混，打架之前一定要虚张声势，真正的老大出手都是心黑胆大不出声。

楚国事先知晓，而且清楚随、州、绞、蓼四国前来给郧国助阵的集散路线。楚武王照旧派出打仗能手斗廉协助自己的宝贝儿子，《左传》对莫敖屈瑕和斗廉商量如何应对这五国联军，记述得相当精彩，堪称中国兵书第一篇。

莫敖屈瑕面对即将到来的五国联军，认为敌强我弱，有点胆怯，建议斗廉还是找老爸楚武王搬救兵。斗廉首次提出"师克在和，不在众"，引经据典，指出当年武王伐纣，五万精兵击败殷商七十万大军。

屈瑕也是楚国著名的打仗能手，又有老爸楚武王的背景光环照耀，但斗廉的分析更有兵家哲理：兵不在多，将不在广，在于精诚团结。郧人守在家门口，自恃城墙坚固，等着四国援军到来，必定没有斗志。我们兵分两路，一路袭击郧国，一路堵截四国援军。郧国是主谋，其他是从犯，只要搞掉主谋，从犯自散。

屈瑕虽然年少霸气，但明知寡不敌众，难免心虚胆怯，要不犯尿退却，要不给犯尿退却找借口。

中国古人很聪明，犹豫不决找神灵，于是屈瑕准备占卜问卦，测求吉凶。

斗廉更聪明，知道这哥们给自己犯尿找借口，万一卜卦不吉怎么办，于是来了一句斩钉截铁的经典台词："不疑何卜。"

没有疑虑，何必占卜？

其实武王伐纣时也有类似的典故，《史记》载："武王将伐纣，卜，龟兆不吉，风雨暴至。群公尽惧，唯太公彊之劝武王，武王于是遂行。"

说明周武王当年也是不信占卜，依己遂行，才能革命成功。

千军万马生死存亡之际，在春秋礼制主导，尚神灵，重祭祀的人文背景下，连周公旦出征之前都要占卜问卦，斗廉能够拨云见日，口出直言，实属牛人中的牛人。

斗廉不但智勇超群，而且极有担当，自己率军袭击郧国，屈瑕带领人马在郊郢堵截援军。郊郢，现在的湖北钟祥境内。

事如斗廉所料，郧国坐等援军，结果等来的是楚军的突然袭击，差点被灭国，主谋被擒，从犯自然四散而去，随、绞、州、蓼退兵回国。

这就是历史上的蒲骚之役，斗廉败郧，战在蒲骚，即今天的湖北应城市境内。

楚国咄咄逼人，轸国、贰国哪敢不盟？

7. 城下之盟

蒲骚之役当年,郑庄公去世了。

郑庄公之死,结束了郑国小霸的国际地位,周边国家,无论齐、鲁、宋、卫,还是陈、蔡、许、息,立刻觉得身轻气爽,大快人心,那个曾经觊觎邻居老婆的隔壁老王被警察抓走了,大家的安全感提升了,谁不开心?特别是周桓王,又找回了繻葛大战之前做老大的感觉。

远在汉水边上的楚武王也深受鼓舞:轮到老子称霸了。

郑庄公死后的第二年,楚武王准备北伐,先拿绞国开刀,前一年绞国对楚国存心不良,图谋联络郧、随、州、蓼四国群殴楚军,虽然没有得逞,梁子还是结下了。

绞国的诱人之处在于地利,守着黄金水道汉江,可以入秦出川,交通大动脉,黄金水道就是古代的高速公路,守着这么一条咽喉要道,靠收过路费,绞国就已经小富即安。

楚军挥师北上,要攻打绞国,必须绕过罗国渡彭水。古彭水,汉江支流,现在的湖北襄阳谷城县境内的南河。罗国和楚国是同一祖先,是芈姓熊氏,罗国被楚灭后,罗国原居民以罗为姓,罗国即罗姓鼻祖,最初建国在现在的河南省信阳大小罗山一带。因为罗国最初和楚国同姓同宗,所以不属于江汉诸姬,而且被公认和楚国是一伙的,所以每次周王伐楚,罗国都是挡枪的,几经辗转,最后在现在的湖北房县和宜城一带定居。"罗"字最早出现于甲骨文,字形从网从鸟,意为张网捕鸟,说透了,罗国擅长抓鸟,以此立国。

在古时候,张网捉鸟和下网捕鱼一样,都是非常重要的民生产业。信阳罗山一带是候鸟迁徙地,正好提供了大量鸟源,罗国于是因地制宜,以抓鸟为生,罗山和罗国也因此得名。估计抓鸟为生没有捕鱼种田安稳,于是又举国迁徙到江汉平原。

偏偏楚国图腾崇拜的是凤,关于凤是何物,《山海经》明确记载就是鸟:"其状如鸡,五采而文,名曰凤凰。"或许凤凰曾经真实存在,只是早已灭绝,然后被人神化了。

虽然凤在楚人眼里是神鸟,但在罗人眼里,神鸟也是鸟,老子就是抓鸟的。

所以楚国和罗国没有建立起传统的革命友谊,天生搞不到一起,并且罗国对于楚国从自己身边闪过北伐绞国,心存忌讳。可以设想,隔壁老王爬过你家阳台,到隔壁老李家干坏事,你不可能袖手旁观。

于是,罗国做好了半道劫狼的准备,派出一位名为伯嘉(春秋时期最接近现代人的名字)的将领监控布防,伺机出击,眼看着楚军分三批渡过彭水,清点人数,通报绞国。

罗国和绞国在楚国北伐中都犯了一个致命的错误，都想明哲保身，结果招来各个击破。江汉诸国以前有随国老大带领，周天子撑腰，现在老大自己徒伤悲。

没有老大很可怕，后果很严重。

罗国在关键时刻掂量掂量自己，还是放弃了：不要引火烧身，让子弹先飞一会儿。

于是楚军北上，直逼绞城南门。

关于绞国都城故址，众说纷纭，再三推敲，基本上集中于三个说法：一说是现在的十堰市郧阳区青曲镇店子河村一带，据说地形特征与史书描述基本吻合；一说是今天丹江口市西北习家店镇一带，此地考古发现有周代遗址，并且至今还存有古村落上绞村和下绞村，当地民间故事流传也佐证这一说法；另一说是郧阳古城，据说有三千年历史，但在1959年南水北调汉江截流后淹没于牡丹江水库之中，这一说法的亮点是此地历史悠久，扼守黄金水道，素有"鄂之屏障、豫之门户、陕之咽喉、蜀之外局"之说。

几千年过去，沧海桑田，人文变换，世事变迁，江河湖口也几经改道，所以绞国故城难以确认，但有一点可以断定，绞城一定是易守难攻，应该依山傍水。

凭借地利优势，绞人坚守不出，并且人如其名，只在城头绞缠，绝不和楚军列阵决战。反正大家都是荆楚蛮夷，并非周天子脚下的文明人，何必跟你互相约战，城下列阵，文明冲杀。

老子不出去，你也别进来。

楚军攻城逾月，绞人守城月余，前线战况纠结，后边还有一个会抓鸟的罗国虎视眈眈。楚武王正在犯难之际，能打仗的宝贝儿子莫敖屈瑕献计：绞人国小人浮缺心眼，不能强攻，只可智取。绞国已被我军围困多日，现在城内最缺的就是柴火，我们为何不能拿柴火当饵，诱敌出城。

于是楚军干脆一面休兵示弱、劝降绞国，一面派遣三十多人巧扮樵夫，在绞城北山上大张旗鼓地伐薪砍柴，绞人大喜，兵出北门，抓樵夫，抢柴火。第二天楚军加倍派人巧扮樵夫，绞人更加数倍派兵，漫山遍野抓樵夫、抢柴火。

这时楚军伏兵北门，断去绞人归路，绞国投降。

绞人果然国小人浮缺心眼，那时还没有投降这个说法，可以臣服，但不能投降，更不能灭国。古人讲究"兴灭继绝"，我把你灭了，你祖先的香火我还得替你端着，楚武王才不干这种亏本买卖。

那就结个盟吧，大家都有面子。

明明是屈辱投降，最后以结盟了事，有点说不过去吧，古人很聪明，以后对于这种战败认降签协议的，统称城下之盟。

这就是成语"城下之盟"的来历。

杜预注："城下盟，诸侯所耻深。"

8. 屈瑕成仁

楚武王家和万事兴，是春秋时期绝无仅有的五好家庭。向来无情最是帝王家，但是史籍中对楚武王家室的记录，字里行间也算春意融融，这对夫妻二人转唱得相当婉转默契，不像其他诸侯家族血雨腥风、狗血淋漓。关键因素是楚武王娶了一位名垂青史的革命伴侣——楚武邓曼。汉人刘向所编的女性权威名录《列女传》，将楚武邓曼名列《仁智传》第二位，当然排名不分先后。中国人常说的妻贤旺三代，在楚武邓曼身上集中体现，从楚武王，经楚文王，到楚成王，薪火传三代，一代更比一代牛。

城下之盟的第二年，也就是楚武王四十二年，鲁桓公十三年，公元前699年春，楚武邓曼华丽登场，故事主角还是楚武王和邓曼二人的爱情结晶：宝贝儿子莫敖屈瑕。

前一年，楚武王采纳屈瑕献计，连蒙带盟，基本上收编了绞国，但是旁边的罗国一百个不服，竟然差一点背后放黑枪，这让楚国大为光火，老子要称霸，你敢不服，必须打到你服。

于是，楚国准备收拾罗国，楚武王看好自己的宝贝儿子屈瑕。蒲骚之战和城下之盟，莫敖屈瑕都给老爹楚武王长了脸。

这次楚武王让屈瑕亲自领兵挂帅。蒲骚之战得益于斗廉辅佐，屈瑕属于隔山打牛，自觉委屈，所以这次莫敖屈瑕基本上司令、政委、参谋长一身兼。临行前肯定要搞个仪式，授兵壮行之类的，既是莫敖又是楚武王的宝贝儿子，战功赫赫，场面绝对不能太小，令尹斗伯比必须出席。其间斗伯比观察出屈瑕傲气十足，行为举止俨然是一只打鸣的公鸡。《左传》描述："举趾高，心不固矣。"于是他判断屈瑕出兵必败。

这就是成语趾高气扬的出处。

斗伯比身为楚国第一位令尹，素来高瞻远瞩、识人善任，出于职业操守，斗令尹把自己的真实想法报告给了自己的老板，劝楚武王派援军帮助屈瑕。一般来说，在老板跟前怀疑否定老板的宝贝儿子，风险很高，后果很惨。

而且这位公子战功卓著，前有蒲骚之战，后有城下之盟，都可谓中国战争史上的经典案例，相信无论哪个老爸也不会接受这种劝告：你儿子走路趾高气扬，形似公鸡，实为菜鸟，出门必将被虐。

一般百分之九十九的老爸都会认为：你扯吧！厉害了，我的儿，太自信了，这点像我。

斗伯比的预判基于平日对莫敖屈瑕的了解，加上这次言行举止的诊断。

然而，楚武王不以为然。斗伯比又去向夫人邓曼报告此事。一般百分之九十九的老妈都会表态：你这位斗手下嫉妒羡慕恨外加诋毁咱儿子，你是咋当这个爹的。

相反，楚武邓曼不但听取了斗伯比的提醒，还训诫这位楚老板：你这爹咋当的，太不了解自己的儿子了。克敌制胜不在人多势众，要以诚悦人，以德服人，以刑治人。蒲骚之战赢在斗廉协助，城下之盟胜在计谋，我们的宝贝儿子还很嫩，做将有余，为帅不足，谋事可以，成事不足。屈瑕居功自傲，自以为是，骄兵必败，此去恐怕凶多吉少。

中国男人是耻于给老婆汇报工作的，身为敢和周天子叫板的楚武王，竟能恭恭敬敬地给夫人邓曼汇报朝堂社稷之事，并洗耳恭听邓曼训导，实属罕见。

楚老板恍然间醍醐灌顶，赶紧通知自己的铁杆兄弟赖国追随支援，但为时已晚，他的宝贝儿子屈瑕求功心切，走远了。

赖国，和楚国同为子爵，因此也称为赖子国（赖子为尊称），是全球二百多万赖姓之人的始祖。后来在楚灵王时期，公元前538年，被他的铁杆兄弟楚国灭了，所以几乎是无名小国，历史记录也就寥寥数字。几经考证，赖国灭亡时，国都在今天的河南省息县包信镇，现在当地还存有赖国古城和赖子国君古墓。但是杜预注解，屈瑕伐罗时的赖国是在古义州随县，即今天的湖北随州，显然矛盾。

《左传》在此处记载："楚子使赖人追之，不及。"如果当时的赖国在今天的河南省息县，和罗国与楚国正好是个几乎等腰三角形的位置，楚武王派人去自己的东北赖国搬救兵，去救在自己西北方向伐罗的宝贝儿子，那他肯定脑子进水了，所以杜预的湖北随州注解比较合理，随州方向和屈瑕伐罗方向一致，既方便楚国通知，也方便赖国派兵救援。

也有可能，赖国曾经既在随州，也在息县。地方是死的，人是活的，古代建国，人是第一硬通货，好比一个家，人是核心，房子只是个不动产，谁的一生中还不搬个几次家。

话说屈瑕把这次军事行动真当作一次出国旅行，为了不影响自己的心情，专门下了一道命令："谏者有刑。"谁敢胡言乱语、说三道四，老子就修理谁。这就叫作死。

屈瑕以为，罗国要是听说他莫敖大人要来上门送"温暖"，早就吓死了，只想到此番的核心工作就是收编结盟，压根没想到谁掌刀子谁吃肉。

所以，一过鄢水，也就是今天的襄阳境内蛮河，楚军已成鸟兽状，次序大乱。老大说了，这次不是去打仗，是跟着老大去接收罗国，说白了，就是去抢，抢的游戏规则就是先到先得。谁跑得快，谁就抢得多。不乱才怪。

可是，屈瑕太低估罗国了，罗国并非束手待毙，坐以待盟，虽然楚国大地后裔被人称作九头鸟，但是，罗国有史以来就是抓鸟专业户。

罗国张网待敌，并且联络了另外一支民团武装：卢戎。之所以称之为民团武装，根据名称断定，卢戎应该是大西北南下的少数民族。《左传》对于卢戎的称谓显然没有享受国级待遇，副国级也没有，主要是这个卢戎在历史上混功不强，每况愈下。其实卢戎早在殷商时期就被尊为卢方，商朝第二十三代君主武丁王后妇好墓出土过一件大玉戈，铭文："卢方皆入戈五。"说明卢国大为一方诸侯，贵为伯爵。因曾经是追随周武王伐纣的牧誓八国之一，又被周天子从甘肃调入陕西湖北交界一带，据《括地志》记载："房州竹山县及金州，古卢国也。"房州竹山县即今天的湖北房县和竹山县，金州即今天的陕西安康古称。这次被周大老板潜规则一下，来了个明降暗升，被降为子爵，但是从西北边陲的荒漠之地，举国迁入水草丰腴的鱼米之乡，而且活动地盘还很大，这可是当年多少戎族世世代代玩命追求的远大理想，所以降多少级都干。因为是外来户，并非华夏族系，所以从这时起被称为卢戎。

其实卢戎有一个特别让人羡慕的国姓：妫，上古八大姓之一，出自虞舜。《国语·富辰谏襄王以狄伐郑及以狄女为后》有一句话："卢由荆妫。"此话的背景是讨论周襄王娶老婆，大概意思是：卢戎灭国有因，事出荆妫。荆妫，楚武王邓曼之外另一个王妃，娶自卢戎。这句话又传达了两个信息，一是卢戎是妫姓之国，要不然楚国所娶卢戎之女也不能被称为荆妫；

二是卢戎和楚国闹翻是因为联姻之事，难道楚武王专宠邓曼，虐待卢女荆妫？将近三千年前的事，很难说清楚。

至于卢戎身为少数民族为何姓妫，其实很简单，就是一个汉化的过程，史上最突出的魏晋南北朝时期，鲜卑人姓汉姓、用汉字蔚然成风，就在今天，我周围的满族同事照样姓李姓白。卢戎既然要随汉姓，那就得找个皇族大姓，所以选择姓妫。

同时在北方山东济南的长清区卢城洼一带也存在一个春秋卢国，彼卢国属于华夏民族，此卢戎并非华夏族系，虽然周老板册封子爵，但诸侯间认同感不强，地盘越混越小，最后龟缩到南漳县境内。

罗国和卢戎唇齿相依，国小民悍。特别是卢戎在历史上一直充当雇佣军，现在的陕西安康历史博物馆的镇馆之宝——史密簋，铭文就曾记录了卢戎在西周时期，确切地说应该是在周夷王时期，作为周王室的雇佣军，东征齐国。当时周夷王听信纪侯谗言烹杀齐哀公后，不依不饶，进而发兵征讨。说明卢戎继承戎人禀性，好战嗜杀，有一定的战斗力。

在汉水流域，罗国和卢戎都属于外来户，虽然一个是周老板册封，一个是芈姓兄弟，但并不受周围待见，多少有点水土不服。要不然这么一支敢于和楚军叫板的有生力量，郧、随、绞、州、蓼五国联军抗楚，竟然不带上罗、卢两国玩，说明关系不咋地。

上次楚军伐绞，罗国就准备劫道偷袭，掂量半天，还是放弃了。这次屈瑕敲锣打鼓，嗷嗷叫着要修理罗国，罗国拉上了唇齿相依的好哥们卢戎，充分备战，张网待收。

打人的傲慢轻浮，还手的精心布网，后果很严重。

屈瑕原本想着罗人一看到他莫敖大人率军逼到，立马三刻认尿结盟，手下兄弟们连捞带抢，胜利而归，所以兵不设防。

正如斗伯比所料，这次屈瑕死得很难看。罗国和卢戎没按照春秋礼仪，互下战书，列阵对垒，文明打仗，而是出其不意，两路夹击，楚军大败。屈瑕无颜再见河东（蛮河）父老，自缢荒谷。

其他将领逃回楚国，楚武王深明大义，恕罪不罚。《左传》记："群帅囚于冶父以听刑，楚子曰：'孤之罪也'，皆免之。"

与其说楚武王深明大义，不如说楚武邓曼明辨是非，没有拉着其他人给自己的宝贝儿子陪葬，这是楚国之幸。

屈瑕自杀成仁，造就了楚国中兴，从此楚国征伐立下铁律：不胜不归。多年以后，屈瑕的同胞兄弟楚文王，亲征巴国，结果大败而归，郢都守城门将鬻拳死活不给开门进城：楚国传统，不胜不归，回去再战。楚文王无奈只能回去再战，结果此去不归，马革裹尸，历史上留下了鬻拳强谏的典故。

屈瑕自杀成仁之后的几年，大约在公元前698年至690年之间，也就是楚武王有生之年，楚国彻底灭掉罗国，史书并未记载，只是史学家如此猜测演绎。

九年后，公元前690年，楚武王熊通御驾亲征第三次伐随，行军途中，心脏病突发，病死军中，楚国第二任令尹斗祁、莫敖屈重秘不发丧，随侯蒙在鼓里，直接乞和结盟，楚军回师渡过汉水，才昭告楚民，楚王升天。

按照周礼：天子死曰崩，诸侯死曰薨，大夫死曰卒。偏偏《左传》对于楚武王之死，记录为："卒于樠木之下。"这么大一个楚武王死了，只用一个"卒"字记录，连个诸侯应有的"薨"字待遇都没有享受，可见仍然不被礼制承认。楚武自立为王，鲁国史官根本不买这个账。

楚武王的儿子楚文王上位，继承老爸的狠劲，接着干。

第十三章

姊妹祸国

1. 新台之丑

楚武王熊通之所以又豪横了多年，是因为两个牛人都死在了他前面。小霸郑庄公，在蒲骚之战当年就死了，屈瑕自杀成仁的第二年，即公元前698年，春秋三小霸排名第二的齐僖公也死了。

关于齐僖公禄甫，八卦题材不是很多，这哥们算不上打仗能手，云山雾罩的奇闻趣事也不多，能上榜春秋三小霸，是因为他出色的外交才能，几乎同时期诸侯之间的结伙会盟都有齐僖公的身影。

最让齐僖公被历史记住的，是因为他是很多名人共同的爹：齐桓公、齐襄公、公子纠、公子彭生、宣姜、文姜。还有"巧笑倩兮，美目盼兮"的妹妹庄姜，春秋美女诗人，孔夫子的梦中情人。这些人物，无论哪一个上场，都可以编排一部电视连续剧。

按照顺序，第一个出场的是宣姜。

宣姜的出名并不只是品貌尚好，而是遇上了一个出名的骨灰级渣男：卫宣公姬晋。几乎所有的渣男都有两个共同点：一是命好，要不然没有渣的机会；二是内心强大，脸厚心黑，不怕人言，正所谓走自己的路，让别人去说吧。卫宣公命好。他是卫武公的孙子，卫庄公的儿子，在他之上有两个正牌哥哥，一个比他命贵，后来的卫桓公，另一个比他得宠，就是有名的州吁，国君的宝座压根就轮不上他。这哥们也自暴自弃，根本就没想着修身齐家治国平天下，就惦记着纵情声色，竟然连老爸卫庄公的后妃夷姜都敢惹。这还不够，他竟然和夷姜生了一大堆孩子，历史上记录有名有姓的就有三个：公子急、公子黔牟、公子顽。史书上也没记载卫庄公到底知道不知道他儿子就是他身边的隔壁老王，如果按照常理推算：应该知道。

卫庄公怎么也接受不了自己儿子公子晋的所作所为，为了不丢人现眼，卫庄公把这位公子晋送到了邢国当人质，基本上算是打入冷宫。卫庄公死后，卫桓公继任国君宝座，屁股还没坐热乎，让州吁给篡杀了，州吁屁股还没坐热乎，又让卫国的爱国退休人士石碏设计给宰了。

这时候，卫国朝野才想起了还有这么一个公子晋，于是迎接回国，走马上任，当起了卫宣公。

上位伊始，联合南燕国伐郑，结果制北之战一败涂地，让卫宣公这位新君的脸面掉到脚后跟，这老哥终于意识到打仗治国不是自己的专长所在。

卫宣公完全属于窝里横，这次又瞄上了未过门的儿媳妇。关于卫宣公的作案时间，史书没有具体记载，但可以推算一下，卫宣公在位十八年，继位后又强占自己的儿媳妇生了两个儿子：哥哥公子寿和弟弟公子朔，卫宣公临死前，弟弟公子朔能计划谋位弑兄，可见已经是成人，最起码也应该是十六岁左右。所以，卫宣公强占儿媳的作案时间应该在刚刚继位国君的两年内。

事情是这样的。

当卫宣公坐上卫国老大宝座的时候，他和夷姜所生的儿子姬伋（也称公子伋或急）已长大成人，可见卫宣公和夷姜搞婚外恋已经相当有年头了。夫荣妻耀子沾光，这是人之常情，夷姜也从代孕小妈转正成为头牌夫人，公子伋被立为太子。那时候的专用名词称为大子，太子一词是逐渐从大子演变而来的。

男大当婚，女大当嫁，公子伋的婚嫁对象是齐国大公主，齐僖公的千金。因为后来被公子伋的老爸卫宣公收作候补夫人，齐国乃姜子牙之后，所以后世称其为宣姜。齐国和卫国有着世代通婚的悠久传统，庄姜就是齐国公主，论辈分庄姜是宣姜的姑姑。

史称公子伋贤能，几乎贤能得有点蠢。春秋初期以贤能著称的也就两个人，一个是鲁隐公，另一个就是公子伋，两个人的遭遇几乎相似：都是貌美妻子，被老爸截和了，同时失去了太子身份，最后都被老爸和自己未婚妻生的同父异母的弟弟既取了地位，也取了性命。

正应了一句话，美色祸所依。

公子伋的未婚妇宣姜就是一位绝色美女，《列女传》榜上有名，收录在《孽嬖传》名下。

《孽嬖传》中收录的列女都有一个共同点：一是美艳绝伦，二是祸国殃民。

其实，宣姜是第一受害人，本想着作为齐国的形象大使，政治联姻，不辱使命，嫁给贤能的卫国储君公子伋，结果没想到自己的国色天香惊动了未婚夫的老爸卫宣公。

这次卫宣公的作案手段要比起鲁隐公老爸鲁惠公笑纳儿媳的先例更加卑鄙。鲁惠公顶多算是截和，卫宣公纯粹属于诈和。他先是把公子伋打发到国外出差访问，同时组团去齐国迎亲，并且煞费苦心地在齐卫接壤的黄河边上筑造一处行宫，美其名曰新台。

卫宣公这是想置办外房，实际上是故伎重演。多年前对付小妈夷姜时的手段，也是外房同居，估计老祖宗的外房纳妾就是卫宣公创立的。估计泡妞送豪宅的伎俩，卫宣公也是历史记录第一人。

新台就是送给宣姜的豪宅。宣姜此时并不知道虽然上对了花轿，但嫁错了郎，只知道进了豪宅新台就进对了门，满心欢喜过门成亲，到最后才发现货不对版。

郑卫之风，世人公认的淫靡之风，卫宣公是当之无愧的形象代言人，朱熹又给卫国的淫靡之风专门补了一枪，卫国之人最擅长"男悦女之辞"。

这就是历史典故新台之丑的来历，在王安石与儿媳妇扒灰的典故出现之前，公公和儿媳妇的不伦之举被称为新台之丑。

史书虽有骂娘，但没有记录下卫宣公的猥琐下作，好在人民群众的眼睛是雪亮的，在《诗经》中留下一首名为《新台》的诗歌，算是记录下了卫宣公的荒唐下流。

> 新台有泚，河水弥弥。
> 燕婉之求，蘧（qú）篨（chú）不鲜。
> 新台有洒，河水浼浼。
> 燕婉之求，蘧篨不殄（tiǎn）。
> 鱼网之设，鸿则离之。
> 燕婉之求，得此戚施。

诗中结尾"戚施"一词，是蛤蟆的别称，据传卫宣公弯腰驼背，丑陋不堪，所以才以"戚施"相称。

对于宣姜，诗中用了"燕婉之求"以表怜惜，可见新台之丑，宣姜是第一受害人。如果没有卫宣公的诈和，以公子伋的贤能配宣姜的绝色，说不定能造就一个卫国中兴的局面，那宣姜足以登上《列女传》的光荣榜系列，比如《贤明传》《仁智传》。

卫宣公强占宣姜，这只是狗血剧情的开始。之后，卫宣公与宣姜给公子伋生了两个弟弟：公子朔和公子寿，也为公子伋的厄运埋下了伏笔。

宣姜的二儿子公子朔人小野心大，惦念起国君的大位，按照当时的情况分析，这属于痴心妄想，因为他前面有两个哥哥。即使公子伋被废，储君选择宣姜所生，那也应该是哥哥公子寿。

只有一种可能，公子伋和公子寿都死了，这种可能性几乎不存在，因为公子寿那也是宣姜和卫宣公所生，还有左公子泄照料，要他意外死亡，可能性微乎其微。

难道要公子寿自杀？老天太不长眼了，剧情就是这么发展的。

宣姜为扶自己儿子上位，说服卫宣公谋杀公子伋。卫宣公安排公子伋去齐国出趟公差，事先在必经的莘地安排一帮强盗，看见持有卫国太子旗帜者便杀。

宣姜难掩兴奋，告诉了两个儿子。两个儿子表现迥异，公子寿担心落寞，公子朔异常兴奋。公子伋和公子寿，虽是同父异母，但情同手足，而且三观相同，两个人接受的都是左公子和右公子的正统教育：贤能压倒一切。

于是公子寿就把宣姜和老爸卫宣公构陷一事全盘托出，讲给了公子伋听，中心思想就一句话：留得青山在，不怕没柴烧，哥，赶紧逃吧。公字伋用了一句儒家的标准答案：弃父之命，恶用子矣，有无父之国则可也。

公子伋准备赴死就义，临行前，公子寿设宴送行，太子伋酩酊大醉。等到太子伋酒醉沉睡，太子寿拿走哥哥的太子旗帜，按照爹妈设计的线路，假扮太子伋出使齐国，当然，命丧黄泉。

等到太子伋酒醒，知道弟弟太子寿已经替自己前去赴死，立马驱车追赶，到了莘地，太子寿已经英勇就义，强盗们正准备离开复命。

太子伋毅然赴死：尔等杀错人了，我才是你们的菜。强盗傻了，没见过这么自杀的，买一送一，成全你，照收不误。这才是真正的换命兄弟，丝毫不输伯夷叔齐，这也是儒家文化"忠孝仁义"的最高典范。

这一年是公元前701年，卫宣公第二年就撒手人寰。公子朔现在是千顷良田一棵苗，唯一的接班人，于是顺利接班，是为卫惠公。

公子朔好景不长，上位四年后，卫宣公的庶弟，左公子泄和右公子职兴兵造反。卫惠公干不过这一对公子组合，逃奔齐国。

然而左右公子犯下了致命错误，只拿了卫惠公的位，不拿他的命。八年后，卫惠公在舅舅齐襄公的重兵护送下回国，夺回大位，并将左右公子组合统统拿下。

接着，在齐襄公和卫惠公的主持下，又为守寡多年的宣姜重新择婿。他们延续了一个非常古老的婚俗——烝报婚。烝报婚是奴隶社会把女人当作家产的一种婚俗，爹死后，儿子可以娶庶母，即生母除外的小妈为妻，也就随即继承了这份家产，这叫"烝"；哥死后，弟可以娶嫂子为妻，这叫报。这次娶宣姜的人，就是卫惠公的同父异母哥哥公子顽。

宣姜婚后诸事顺遂，屡屡受孕，又为公子顽生下三子两女，其中有两代国君：卫戴公和卫文公，两位第一夫人：宋桓公夫人和春秋第一霸齐桓公心中的女神——许穆夫人。

2. 齐大非偶

轮到文姜迫不及待地出场了。用迫不及待形容，是因为文姜人小早熟，还待字闺中，就干了一件惊世骇俗的事，把自己给爆红了：早恋了，情郎竟然是自己同父异母的哥哥、未来的齐襄公。

现在来说就是绯闻，古人提前干了现代人干的事，那时候就是未婚先淫的典型案例，结果文姜蹿红了，红过宣姜，竟然成了那个时代众多帅哥才郎的梦中情人。《诗经》中有一首名为《有女同车》的诗，此诗出自郑国民间，虽然历代学者说法不一，朱熹认为是伤风败俗的"淫奔之诗"，江湖上一直认定此诗的女主人公就是文姜。

有女同车，颜如舜华。
将翱将翔，佩玉琼琚。
彼美孟姜，洵美且都。
有女同行，颜如舜英。
将翱将翔，佩玉将将。
彼美孟姜，德音不忘。

古人讲究诗言志、歌咏言，《诗经》中的诗其实不是为了抄写背诵，而是为了歌唱抒情，说白了，《诗经》就是古代的流行歌曲，只不过乐谱失传，流传下来的就剩下歌词了。穿越时空，回到当年，这首《有女同车》的流行歌曲，风靡于东周大地，多少富人子弟幻想有女同车，此女即文姜。那个时代，男女授受不亲，观念保守，嘴里唱着有女同车，那可比现在唱一句相同的内容过分多了，所以说文姜就是那个时代众多帅哥才子的梦中情人。难怪朱熹把这种同车私奔骂为"淫奔之诗"。

遇上这事，全天下的爹都着急。

于是齐僖公亲自出马了，自己的女儿天生丽质，起码得找个一哥级别的乘龙快婿，美女配英雄，首先想到的是郑庄公长子太子忽。

虽然太子忽先前已经婚配，对家是陈国公主，但齐僖公不在乎，陈国公主地位如何能跟齐国公主比。

当年的太子忽算是春秋初期的大哥大，第一是因为老爸郑庄公是春秋第一小霸，第二是因为太子忽是公认的战神，是老爸麾下的第一悍将，英雄就是雄性激素膨胀的打仗能手。齐僖公和自己的儿子齐襄公都是太子忽的铁杆粉丝，因为太子忽屡次为齐国出兵打仗。

齐国太富，经常招贼，特别是旁边的北戎，只要日子过稀荒了，就要找齐国打土豪、分田地，碰上险情，齐国总要找郑国来帮忙。

其中最著名的一次是文姜已经嫁给鲁桓公的几年后。

《左传》记录，桓公六年，"北戎伐齐，齐侯使乞师于郑，郑太子忽帅师救齐"。

这次太子忽出兵救齐，参与的是国际救援，率领的是诸侯联军，结果大败北戎，俘获戎人的两个头领大良和少良，斩获的敌军人头就提回来三百多颗。这是春秋第一次如此血腥地记录战争，主要原因是这次杀的不是自己同胞，杀的是为匪为盗的戎人，所以不必拘泥礼数。如果是诸侯掐架，尽可能字不带血，因为都是周天子脚下的兄弟同胞互殴，属于家庭暴力。

太子忽胜利归来，齐国当然要表示表示，搞个欢迎仪式、犒劳打赏自然少不了，这个欢迎仪式的主持人是鲁国的某一位大佬。因为鲁国被公认为各种礼官的摇篮，也是进修周礼学识的高等学府，所以齐国聘请鲁国人做主持合情合规。

偏偏这位鲁国大佬很较真，犒劳顺序不按功劳大小来，而是按照周天子任命的级别来，太子忽当然没能排上第一。

对于别人可能无所谓，但是这次得罪的是雄性激素异常膨胀的郑国一哥。于是太子忽发飙了：老子提回来的是敌军人头，不是狩猎回来的猪头，其他人都是来蹭老子的热点打游戏的，不是来打仗的，欺人太甚。

太子忽就这脾气，特别适合冷兵器时代的战场，激情杀人，搞政治会死得很惨，结果也确实如此。

鲁国的主持人大佬要以礼服人：你们家就这个级别，别说你，就是你爹郑庄公来了，也是这个礼数。

论爵位分先后，估计郑国只能排在许国和楚国前面，郑国是三等伯爵，楚国是子男爵，许国是男爵。爵位五等：公、侯、伯、子、男。齐、鲁、卫都是二等侯爵，宋国是一等公爵，春秋记录上的排位次序上，郑国从来都是排在齐、鲁、宋、卫之后，谁要你建国不过三代，爵位不过伯爵。春秋是基于鲁国史官的记录成书，鲁国继承的是周公旦的光荣传统，治礼严谨。

楚国不可能参加诸侯联军帮着齐国打仗，许国可能会来，因为许国现在还是齐、鲁、郑三国的殖民地，最近老想闹独立，但还归郑国托管。

鲁国当然排在最前，建国最早，鲁国虽然是侯爵，但鲁国国父周公旦在中央享受的是公爵待遇，这是要加分的。

太子忽不干了，甩脸走人，临走扔下一句话：等着瞧。四年后，因为这事，郑国纠集了齐国、卫国找鲁国出气，这就是历史上的郎之战。

通过这件事，足以看出太子忽霸气外露，可就在齐僖公眼里那就是雄性激素爆发,齐国虽然盛产美女,但就缺这类公牛型男人,要不然怎么老受北戎山贼的欺凌。

齐僖公是真心想让太子忽给自己当女婿。在文姜嫁给鲁桓公之前,齐僖公曾打算将她许配给太子忽,而且已经开口提亲了,但太子忽一口拒绝。

太子忽说了一句那个时代青年男女为了反对封建婚约最为硬气的一句话:"人各有耦,齐大,非吾耦也。"

齐国地大物博,老子高攀不起。

随后又补了两枪:"《诗》云:'自求多福。'在我而已,大国何为?"

太子忽拒绝了齐僖公的提亲

这也太励志了，太子忽爆红，粉丝众多。于是江湖上一直流传着齐大非偶的传说。

郑国的资深老臣祭仲看不下去了，本来是一桩很好的政治联姻，齐国有钱，郑国有枪，既娶媳妇，又做生意，这是好上加好。本来郑国这几年南征北战，和左邻右舍闹得鸡飞狗跳，现在和周天子也进入冷战阶段，如果太子忽能娶了齐僖公的掌上千金，那娶的就是郑国下任国君的从业许可证。齐国地大物博，渔农盐业发达，自立一方，除了有时被北戎土匪们揩一下油，其他宋、卫、鲁、燕、晋等国，包括周天子也不敢动一下。

以文姜的任性，自己的亲哥都敢上，齐僖公要将她许给郑国太子忽，肯定是征求了自己女儿的意见，然后也不惜厚着脸皮去求亲。

可这个太子忽，可能仗打多了，完全就是个雄性激素四射的公牛，力大无脑。不但祭仲的话听不进去，老爸郑庄公的话也不听。齐僖公求亲这件事，既然祭仲知道了，那郑庄公应该也是知道的。春秋礼仪，特别讲究对等，齐国求婚，肯定是通过齐僖公和郑庄公之间的管道进行的，不然他这个爹就白当了。既然郑庄公知道了，以郑庄公处心积虑和权衡得失的政治老辣，肯定会说服儿子笑纳这门亲事。

太子忽不给面子，偏偏此时有人送温暖，刚刚误杀了自己哥哥鲁隐公上位的鲁桓公登门求亲了。

《左传》记录，桓公三年，"会于嬴，成婚于齐"。

对方的条件相当优秀，鲁国国君，既是名门之后，也是当代豪门。从故事的剧情发展推测，文姜嫁给鲁桓公，虽是情非所愿，但也是形势所逼，不知道是舍不得哥哥齐襄公，还是惦记着郑国太子忽。从做人做事的风格上看，齐襄公和太子忽都是敢作敢当、貌似型男、神似爷们的高富帅，鲁桓公是一个出身不光彩（嫂子变作小妈生的）、上位不道德（误杀哥哥鲁隐公）、做事优柔寡断的暖男，文姜很显然喜欢前者，作为大富大贵的齐国公主，不缺温暖，缺的是所爱。

鲁桓公也表现出相当的诚意。正月和准岳父齐僖公在嬴地（今天的山东莱芜市境内）举行定亲大会，秋季就委派当朝红人公子挥吹吹打打，前往齐国迎亲。公子挥就是那位骗过鲁桓公，诱杀鲁隐公的鲁国野心家，此人是典型的能办事、会来事。即使在民间，前往接新娘的迎亲官那也是德高望重之人，鲁桓公明知当初被公子挥设计，误杀了哥哥鲁隐公，但还是重用此人，并委派此人作为自己的迎亲官，说明鲁桓公本人不明是非，误判误听。

当年秋季，迎亲之前出现了日食，天象不祥。这支迎亲队伍也不祥，公子挥的邪气太重，杀气太重，后果很严重。

鲁国上下，举国欢庆。何以见得，就在《春秋》经文的字里行间。这是春秋史中记录最为详尽的国君娶亲，而且这还是二百多年后孔子对鲁国史官的记录删删减减编辑成文的。估计鲁国史官当年把国君娶亲当作核心大事记录，除此之外的轻描淡写。经文中不到九十个字，绝大部分与鲁桓公的婚事有关，其次就是外交会见，那也是娶亲铺垫的前奏，谁家娶媳妇不得告诉亲朋好友。

齐国投桃报李，盛情更加一等。齐僖公违背周礼，亲自护送爱女出境，规格高出三级。

周礼规定：国君嫁女，如果是跨国婚姻，国君的姊妹则由本国的上卿送亲，当朝公主则由下卿相送，彰显长幼有序，尊重前辈；如果是嫁给周天子，则由全部大臣恭送，以示隆重；大国嫁小国，大夫相送，小国嫁大国，最多不过上卿相送。

谁为大国，谁为小国，关键论爵位、看级别，比如陈国、蔡国虽小，但贵为侯爵，郑国豪横，只是个伯爵。如果是陈女嫁郑国，那就是大国嫁小国。

说来说去，就是老爸不能亲自相送，这个习俗影响至今，现在接亲送亲流行的是姊妹兄弟同学前后簇拥，老爸老妈参加宴席，相送不必。

齐僖公违背周礼，亲自送女儿文姜出嫁，一是可见文姜的确是老齐的心头肉；二是一朝被蛇咬，十年怕井绳，防范上次宣姜的情况再次发生。可怜天下父母心，谁当老爸，即使冒天下之大不韪，为了女儿，都得这么干。

3. 蝴蝶效应

鲁桓公娶了不该娶的，太子忽不娶该娶的，后果很凄惨，这就是蝴蝶效应。

鲁桓公娶回文姜的三年后，生下一子，很显然，这个宝宝是鲁桓公亲自生的，和齐襄公没有半毛钱关系。鲁桓公爱屋及乌，之前关于文姜和齐襄公的绯闻也云开雾散，母以子贵。这个儿子起名为"同"，姓姬名同，就是以后的鲁庄公。

姬同的出生可谓空前绝后，多半归功于文姜。文姜本来就出身超级豪门，然后又嫁给另一个超级豪门的一哥，又生了一个未来的超级一哥，这简直就是生下了一个小祖宗。

鲁桓公虽然未给儿子加封太子之衔，但也超规格地隆重庆祝，亲切接见各路家臣大夫，抽签占卜决定用哪位士人来背这位小祖宗，抽签占卜哪位士人之妻来喂奶，举行命名大会，给这位小祖宗择取吉姓大名。

鲁国自恃以礼仪立国，凡事首先推敲是否合于礼，非礼勿行。关于姬同起名的过程，左丘明在《左传》中用了相当长的篇幅加以论证，历史上称之为申繻论名。从此以后中国人起名字的风格就有了理论依据，从单纯的人物记号，走向富含人生寓意、寄予父母期望的命名大道，比如像郑庄公因为难产而生就被起名为"寤生"的案例，以后越来越少，从春秋到战国，人名称谓越来越顺口，越来越高大尚美。

这算是鲁桓公和文姜这对夫妻组合对历史文化的唯一贡献。

传说文姜有才，所以才叫文姜，其实文姜能和文化沾边也就仅仅这一点。

同一年楚武王开始率军伐随，也是这一年太子忽率领诸侯联军帮助齐国痛揍了北戎匪军，然后在凯旋仪式上又让鲁国羞辱了。可能鲁国那位主持人大佬多少知道太子忽就是自己国君的情敌，于是伺机羞辱太子忽。

楚武伐随和太子忽率师救齐在前书中已经详述，在此不再啰唆。需要再次补刀的是，就在当年，齐僖公对太子忽成为齐国女婿的热情丝毫没有退烧。

或许出于对太子忽被鲁国主持人调戏后的补偿，老齐的态度还是那么诚恳：忽大英雄，文姜已嫁，但我齐国盛产美女，你可愿意做一回齐国的女婿？我可以帮你精挑细选，包你满意。

可太子忽还是不领情。

本来嘛，按照外交辞令婉言谢绝就可以了，可这个太子忽刚刚打了一个大胜仗，身上那股牛劲还没过去，谢绝婚事之后，又在背后大发议论："无事于齐，吾犹不敢。今以君命奔齐之急，而受室以归，是以师昏也。民其谓我何？"

听这口气，意思是：第一我配不上，第二人言可畏。

历史没有如果，但可以推理。如果太子忽娶了文姜，或者说多娶了一个文姜，那么，下面的事就不会发生。

五年后，也就是郎之战的第二年夏天，郑庄公死了，属于自然死亡，这和文姜没有半毛钱关系。

太子忽是法定继承人，走马上任，是为郑昭公。

郑庄公身后留下四个能打能杀的儿子：太子忽、公子突、公子亹（wěi）、公子婴，还留下了一批经他亲手调教过的老谋深算、心狠手黑的大臣，其中以祭仲和高渠弥为代表。如果主人在，这帮人就是一群家犬，一旦主人没了，就是一群狼。

郑庄公的四个儿子基本上分为两大利益集团：一个是以太子忽为核心的执政党阵营，另一个是以公子突为核心的反对党阵营，公子亹和公子婴属于陪跑队员。

太子忽是邓女邓曼所生，所以楚武王算是太子忽的姨夫，楚文王和太子忽是表兄弟关系。但两家关系不怎么样，因为郑国是中原霸主，而且郑庄公是周天子卿士，作为京官，他们家代表的是周天子的执政党阵营。楚武王在郑国眼里就是一个荆楚蛮夷，仅次于山戎、北戎、西戎、卢戎，是一个公开和自己老板周天子叫板的叛匪，道不同不相为谋，所以楚国不会为太子忽站台。邓国虽然是太子忽的姥姥家，但想站台没实力，邓侯吾厘人脉极差，而且老被女婿楚武王不怀好意地惦记着，自身难保。

能为太子忽站台的当数以祭仲为代表的利益团体。本来郑庄公娶邓曼这门亲事就是祭仲张罗的，一方面讨好国君，另一方面算是祭仲的一笔风险投资，指望着邓曼能为老郑生下一个太子，那他就是仲父级的人物了。

子突，这里不能称作太子突，因为已经有个太子忽了，但也不能称作公子突，因为他后来身份又转正了，所以姑且称作子突。

为子突阵营站台的是另一位重臣高弥渠，就是在繻葛之战中和郑庄公并肩作战的高渠弥。他之所以支持子突，是因为他和太子忽不和，严重到不可调和，当初郑庄公要提拔高渠弥做卿士，太子忽力谏阻拦。这两个人都是猛人，所以是拴不到一个槽里的两匹烈马，太子忽心高气傲，但高渠弥更加心狠手黑。

另一个为子突撑腰的是其姥姥家，子突的姥姥家是宋国的雍氏家族，母亲雍姞。雍氏家族的后台老板是宋庄公，就是那位在郑国政治避难的公子冯。雍姞的身份级别没有邓曼高，邓曼是邓侯之女，雍姞只是权贵之女。按照周礼规定，国君候选人主要看妈的级别，选贵不选贤。邓曼之子比雍姞之子更尊贵一等，于是公子忽就被选定为郑庄公的接班人。

雍氏家族显然不服气：邓侯就是一个过气的侯爵，凭什么邓女母子以后要压雍姞母子一头。于是心动不如行动：搞定祭仲就搞定一切。

在郑国，没人敢搞祭仲，只有被他搞，除了死去的郑庄公，他现在就是一哥，所以只能调虎离山。

关于祭仲被俘这一段，《公羊传》记述得颇为详尽，祭仲去郑国的某一个相当于现在直辖市的地区视察工作，顺路经过宋国。正好祭仲的女儿嫁的就是雍氏家族，女婿叫雍纠，祭仲顺便走个亲戚，看望一下亲家，那也是理所应当的人之常情。子突正好也搭个顺风车，刚刚竞选失败，过来姥姥家散散心。

子突多少清楚此行的目的，这是必须的，不可能姥姥家动用国家机器帮着自己抢班夺权，当事人还蒙在鼓里，一无所知。

祭仲没想到这是个早已设好的陷阱，于是和装傻的子突双双被抓。抓人者，宋庄公。

虽然双双被抓，但隔离关押，分开提堂。

最难对付的就是祭仲，他是此次政变的关键人物。宋庄公亲自出马，都是熟人熟面。宋庄公上位之前，曾以公子冯的身份在郑国政治避难十年，以他对祭仲的了解，论斗智斗勇，自己不是对手。所以，只能采取简单粗暴的方式，反正你现在就是老子砧板上的肉,那就得用刀子说话:"不立突,将死。"《左传》原话,简单粗暴。

祭仲没招了:不管谁的肉,上了人家砧板,就是人家的肉,要不下锅,要不求饶。

祭仲叛变了,承诺拥立子突为君,反正,都是老郑的儿子,群众基础都差不多。

祭仲是有名的万花筒,口说无凭,必须歃血为盟。宋庄公也是个明白人,在郑国当了十年的风投杠杆,懂得履约的重要性。在古代,歃血为盟,那就是经过神灵公证的国际条约,何况这次加入了赌命条款。

轮到子突过堂了。子突以为这是演给祭仲看的,只是要显示自己也是被逼的,事成以后,大家还是合作搭档,不要落下个欺世盗国的名声。但是宋庄公不愧是个地痞无赖,来了个假戏真做:兄弟,为了你这事,我大动干戈、人吃马嚼的,事成之后,你得表示表示,不然对上对下我也不好交代。这样吧,郑国就给宋国月月纳币,年年进贡。

此事春秋记录为贿赂,可见这事的确不光彩,因为不光彩,所以宋庄公不敢字书羊皮、歃血为盟,只好退一步求其次,来个君子协定。所谓的君子协定,就是想当君子就遵守,不当君子就扯淡。

郑国的太子忽听闻此事,没有像以往那样雄性激素爆发,因为他的雄性激素来自老爸郑庄公和后台支柱祭仲。老爸已经死了，祭仲正带领着宋国雇佣军，护送着子突赶回郑国，目的是要革他的命。郑昭公姬忽逃遁，亡命卫国。

太子忽没敢去姥姥家邓国，邓国已经过气了，自身难保。也没有去自己的岳丈家陈国，一是老岳丈陈桓公已经死了，二是陈国对郑国一直就没好感。鲁国曾经和郑国一直友好默契，但就在去年自己对鲁国发动了郎之战，两国关系也掉到了冰点。

齐国，呵呵……本来嘛，顺从了齐僖公，娶了文姜，那谁敢动我。所以祭仲说得好，多一个老婆多一条路。

公元前701年秋，九月十三日，郑昭公姬忽流亡卫国，九月二十日子突上位，是为郑厉公。

4. 兄弟四人斗地主

平头老百姓，多子多福，但如果是帝王之家，往往是多子多灾，郑庄公就是个典型案例。四个儿子：太子忽、公子突、公子亹、公子婴，如果放在当下，正好可以凑一桌麻将，可惜这四个不想打麻将，就想斗地主。

谁上了国君大位谁就是地主。

郑昭公姬忽坐了不到三个月的大位，就被郑厉公姬突斗跑了。郑厉公明白了一个道理，他的这些兄弟不是手足之情，全都惦记着王位。

还有一个地痞无赖宋庄公，仗着出手把郑厉公推上了郑国一哥的位子，天天要好处。之所以说宋庄公是地痞无赖，是因为第一他做人不地道，吃谁家饭、砸谁家锅，当初没有郑庄公的收留，哪有他今天的风光。为这事宋殇公和郑庄公经常干架，郑庄公尸骨未寒，他就立刻发动郑庄公的儿子互相撕逼。第二诚信极差，《左传》记载"苟信不继，盟无益也"的说法就是因他而出。

姬突上台，内政外交面临双重压力。对内，他的根基不稳，本来他就是乙方，现在上位了，以为摇身一变可以成为甲方,结果自己还是乙方,甲方变成了祭仲。而且自己还是斗地主游戏中的地主,另外三个兄弟随时出牌,眼巴巴地要斗他这个地主。对外形势更不容乐观,鲁国因为郎之战,两国关系跌至冰点,宋国还在不断地敲竹杠。

子突多少跟他老爸郑庄公学会了一些汤汤水水,继续采取远交近伐的战略方针。这也是郑国的地理位置所决定的:蹲在周天子脚下,处在列强的包围中心,是一个完完全全的四战之国,强盛了就是各国来往的枢纽中心,败家了就是各国干仗的缓冲地带。

子突基本上按照这样的线路图循序推进:先和齐国靠近,发展传统友谊,再向鲁国示好,恢复两国间的正常关系。其他陈国、蔡国、许国也是安抚为上,这叫远交。远交的目的是为了近伐,近伐的对象就是宋庄公。如果再顺手一点,祭仲也是目标,祭仲不倒,自己当不了甲方。此时的祭仲太专权了,俨然是一副仲父的阵势,对自己的老板郑厉公指手画脚,郑厉公倒成了办公室管公章的,让我盖哪儿我盖哪儿。

子突上位的那年,也就是公元前700年,鲁桓公十二年,鲁桓公首先伸出橄榄枝,邀请宋国和郑国在曹国的句渎之丘举行一次三国元首峰会,准备冰释前嫌。

曹国,曹姓发源地,今天的山东菏泽境内,句渎之丘就是古句阳县,今天的菏泽牡丹区小留镇。曹国在史书记录中与鲁国经常进行互访,说明两国睦邻友好,在自己的友好邻邦组织元首峰会,这是古往今来的传统。

十几年前宋国在入郕之战中就遭到以郑国为首的诸侯联军的群殴,宋殇公求救于鲁隐公,本来想着大家是亲戚,招手即来,因为宋殇公和宋庄公是宋武公的孙子,鲁隐公和鲁桓公是宋武公的外孙。谁知道宋国使者隐瞒实情,鲁隐公不爽,就来了一个黑色幽默,把宋国使者堵了回去,从此结下了梁子。

郑国因为太子忽为了面子耍牛逼,拉上齐国,齐国又拉上卫国,一起对鲁国发动了郎之战,把老一辈结下的革命友谊打翻了。

鲁国之所以这时候伸出橄榄枝,是因为齐、鲁、纪是本地区的三个大户,三足鼎立,三家之间又关系微妙。所谓关系微妙,就是三角恋,打个比方,两个闺密同时喜欢上了一个帅哥,那么这两个闺密之间的关系就很微妙。齐国和鲁国之间的关系就是这种闺密之间的关系,但两家又在暗地里互相较劲,产生这种微妙关系的根源是纪国。

纪国当然是纪姓的师祖,其实纪国也是姜姓之国,也曾传说和齐国同宗同源,国父都是姜子牙,那是三百年前的事,齐国和纪国上下都已经不承认这种传说中的亲戚关系。纪国就是一个夹心饼,在齐国以东,莱国以西,大概的位置在今天的山东省寿光市境内,背靠莱州湾,当时的海运并不发达,纪国的交通出口只能往西南发展,所以在地理位置上,纪国算是齐国的后院。

本来两国相互偎依,又有传说中的亲戚关系,算是亲上加亲。但是中国有句话叫恨亲恨亲,一旦亲戚做不成,剩下的就只有恨了,就像一对相亲相爱的夫妻,一旦离婚,满眼都是泪,满脑都是仇。就这样,齐国和纪国也结下了历史上无法考证的矛盾,在周夷王时期,纪侯向周天子进献谗言,当时的齐国一哥齐哀公给周天子烹杀了,相当于今天的水煮活鱼换成了水煮活人,简直惨绝人寰,这个梁子可就结大了。

此仇不报,齐不为人。

齐国逐渐强大了,就把纪国这个后院当成了自家院子,所以时刻想着拆掉院墙,合二为一。

特别是这几年,齐国对纪国步步紧逼,郑庄公也帮着齐国出兵。

《左传》载:桓公五年齐侯郑伯朝于纪,欲以袭之。

这次不是群殴,是灭国灭祀。这一点,齐国不信周天子灭国不灭祀那一套,周天子姓姬我姓姜,周天子把礼乐当宪法,齐国信奉实用主义,简礼易俗。本来就是一个蝈蝈一个知了,各唱各的歌。

纪国危在旦夕,把救命的希望寄托在周天子和鲁国身上。在鲁国的牵线下,纪国公主也嫁给了周桓王做王后,可这个齐国根本就不拿周天子当根葱。

鲁国是不希望齐国得逞的，首先灭掉纪国不符合鲁国的外交原则。鲁国讲究以礼服人，灭国不灭祀，不能杀人灭口，纪国也是名门之后，三百多年的国祚不能说没就没了，那样下去纪国列祖列宗的香火牌位谁来帮忙举着？最多出兵教训一下，有仇报仇，有怨报怨，殖民殖民，足矣。

其次齐国灭掉纪国，不符合鲁国的国家利益，好比你和老王一起卖瓜，卖着卖着，瓜地全归老王了，以后这瓜还咋卖？

所以齐国和鲁国虽然是亲家，好比闺密，但鲁国和纪国暗通款曲。

《左传》记载的关于纪国和鲁国的互动还是比较多的。

桓公六年：夏，会于成，纪来咨谋齐难也。

冬，纪侯来朝，请王命以求成于齐，公告不能。

因此，鲁桓公权衡长远，认定齐国可能才是鲁国的隔壁老王，必须联手制衡。他首先想到的是郑、卫、宋三个列强，但是卫国现在唯齐国马首是瞻，而且这一年卫宣公挂了，新旧交替，不便打扰，于是就率先向郑国和宋国伸出了橄榄枝。

在这样的国际背景下，由曹国承办的鲁、郑、宋三国元首峰会正式开启。

郑厉公：这次峰会正符合郑国当前的外交需求，上次郎之战，是我的前任鲁莽所为，我对此事持反对意见，也对因此事对两国关系造成的伤害深表遗憾。希望两国能相向而行，继续发展前辈们用鲜血铸就的传统友谊。

一个情投意合，一个正中下怀，于是宾主尽欢，在热情洋溢的气氛中相互结盟，继续发展以往"逾盟无享国"的盟约精神。第二年，郑厉公主动示好，鲁国史官郑重记录，桓公十三年，"郑人来请修好"。

宋庄公：表弟啊，别来无恙，事情没你想象的这么简单，虽然你姓姬，我姓子，但你我可是血亲，你母亲仲子是我姑，你哥鲁隐公的母亲声子也是我姑，你管宋武公叫外公，宋武公是我亲爷爷。你们鲁国做事不地道，入郜之役见死不救，后来跟着老郑群殴我宋国，占领了宋国的郜地和防地，至今久占为产，血亲都靠不住，结盟有用吗？

鲁桓公怒了：我当你是哥，请你过来是敬你，你当我是棒槌，玩我。

当即回国发兵伐宋。

郑厉公心花怒放，自打上台以来，宋国就不断勒索郑国，把前十年老爸从宋国捞的战利品掏得差不多了，再这样下去，自己就是败家子了。正好天遂人愿，鲁国也和宋国杠上了，天赐良机，干他。

于是公子突转正的第三年，玩起了老爸郑庄公的老套路，联合了鲁国、纪国，组成诸侯联军讨伐宋国，确切地说，是下战书，相当于叫板。宋国乃泱泱大国，赶紧发动了自己的亲友团（齐国、卫国和南燕国）组团应战。

宋、卫是传统盟友，南燕国是跟着卫国的溜溜车，齐国这次反水很意外，一方面主要针对纪国，另一方面和鲁国较劲。另外，据江湖传闻，齐僖公是郑昭公的粉丝，齐襄公和太子忽是铁哥们，齐国力挺郑昭公，公开反对郑厉公篡位上台。

关于这场战役，雷声大：阵容强大，七国参战，可谓空前；雨点小：胜负伤亡如何，说不清楚，没有哪个参赛队伍大声说："哥们赢了。"只有在《春秋》经文里弱弱地说了一声："齐师、宋师、卫师、燕师败绩。"

唯一的结果就是，郑国和宋国翻脸了，以前的君子协定就此作废。

可以肯定，这场战役是一场约战，所谓约战，时间、地点、人物、规则，事先要讲清楚。为什么这么肯定？这场战役是七国参战，但不是混战，而且据说鲁军还迟到了。

第一，能说是迟到，那就说明时间、地点、人物是事先约定的。

第二，七国大军，后来是六国大军，同一时间、同一地点参战，如果没有事先约定，敌我双方不可能顺利组团，整齐划一，同时参战。

第三，关于这场战役，没有攻城略地和伤亡报道。

所以这场战役，就是严格按照诸侯战争礼仪进行的：谁叫板，谁筹备，双方组队，准时参战。交战规则很像两个单位之间的拔河比赛，退出红线5米就认输，双方同时冲杀，打尿后退者即输，伤亡甚少。

春秋战争，确实是人类历史上最文明的战争。

这时候，宋庄公啥心情？流氓被怼的心情，流氓被怼后，一般的表现就是接着耍流氓。

果然，第二年，鲁桓公十四年，即公元前698年，宋庄公聚集了郑庄公生前所有的老冤家：齐国、蔡国、卫国、陈国群殴郑国，这次群殴的显著特征就是不再约战，直接上门耍流氓。

以春秋的道义标准来衡量，去人家门口干仗，也不事先通知一声，也好让人家通知亲朋好友，组团应战，悄不出声直接上门就是耍流氓。

五打一，胜负无悬念。更流氓的是，五国联军干起了烧杀抢掠的勾当，《左传》载："焚渠门，入，及大逵。伐东郊，取牛首。"更气人的是，毁了郑国的大宫，这可是郑庄公当年给颍考叔和公孙子都战前授兵（颁发兵器）的圣殿。这还不算完，接着竟然拆走了大宫的房梁，运回宋国，用在一个名为卢门的建设项目上。

郑国从此日渐衰败，国运不昌。

5. 人尽皆夫

郑厉公挨了一顿胖揍之后，人也清醒了很多，既然外战不行就内斗。祭仲现在俨然是一个仲父，指手画脚，朝堂之上，意见一致的时候听郑厉公的，意见不一致的时候听祭仲的。郑厉公本来也是有胆有谋的打仗能手，雄性激素爆棚之人，不在沉默中爆发，就在沉默中憋死，堂堂一个郑厉公岂能憋死，于是决定拔掉祭仲这颗獠牙。

想除祭仲，谈何容易？祭仲是跟随春秋第一小霸南征北战多年的左膀右臂，懂政治、会军事，是郑国一哥背后的大哥，当年宋殇公死在华父督手里的教训，郑厉公不可能不知道。

明枪易躲，暗箭难防，这个案例郑厉公是亲身经历过的。既然经历过，他就懂得怎么去复制，这次郑厉公搞了一个升级版，变暗杀为诱杀。

这次诱杀，技术含量很高，因为明枪易躲、暗箭难防的案例祭仲也是亲身经历过的，所以不得不防。这场诱杀足以让现代导演排出一部大戏。

首先，这场诱杀的执行人选得相当有水平，竟然是祭仲的女婿雍纠。这在围棋中就是打劫，要么跟着郑厉公混，要么跟着祭仲混，没有中间路线。估计郑厉公不许下个金山银山，也得承诺个金爵银爵，雍纠竟然答应了，这就成了一个不成功便成仁的局面。

其次计划周详：祭仲也没有什么贪财好色的嗜好，贿赂肯定走不通，只能张网下套，于是雍纠就出面邀请老丈人去郊外打牙祭，打算在私人宴会中把祭仲咔嚓掉，剩下的一系列收尾工作由郑厉公搞定。

堂堂国君办个大臣这么用心良苦，有两个原因：一是臣强主弱，祭仲是甲方，郑厉公现在是乙方；二是祭仲显然已经有了戒备之心。

估计雍纠和老丈祭仲关系一般，平时祭仲关照得并不多，雍纠才给自己寻找了另外一张保护伞。所以这样的家庭聚会也算难得，无事献殷勤，非奸即盗，这事让雍纠的老婆起了疑心。

《左传》中记载郑厉公对雍纠有这么一句评价："谋及妇人，宜其死也。"

难道雍纠把诱杀老丈人的事和自己老婆商量过？这事有点不可思议：难道怕老婆想不通，提前做做思想工作？要说雍纠老婆起了疑心，一来二去打探实情，这样推理，可以接受。

雍纠老婆没有直接报告亲爹，而是径直找自己的亲妈商量，这里有一段精彩描述。《左传》载："雍姬知之，谓其母曰：'父与夫孰亲？'其母曰：'人尽夫也，父一而已。胡可比也？'"

雍姬是雍纠的老婆，祭仲的女儿，很显然，祭仲也姓姬，因此女儿被称作雍姬，用娘家和夫家姓氏合二为一称呼上层女性，是春秋时代的标准用法。可以肯定，祭仲是郑国宗亲，很可能和郑厉公是不出三代的堂叔侄关系，因为郑国建国不过四代而已。

言归正传，话说雍姬经母亲醍醐灌顶之后，恍然大悟，立即给亲爹告密：雍纠无事献殷勤，而且舍近求远，不在家中设宴，却把你诓到郊区，这其中必然有诈。

雍姬当然知道告密的后果，相当于谋杀亲夫。

祭仲也是恍然大悟，常言说得好，一个女婿半个儿，他这个女婿竟然是一匹中山狼，而且还是一匹披着羊皮的狼。一旦亲戚翻脸，剩下的就只有恨了，这就叫恨亲。

祭仲杀雍纠，相当于黑社会老大清理门户，用不着报批走程序，批捕抓人下大牢。简化流程，直接抓人，抓起来就咔嚓，咔嚓之后不解气，又将尸首扔进"周氏之汪"，就是周家池塘，相当于浮尸示众。这主要是杀鸡给猴看，这只猴就是郑厉公。

从"周氏之汪"的记载中看出，周姓应该早已存在，"赵钱孙李，周吴郑王"等中国大姓中，周姓发源最早，应周朝而生。

郑厉公待不下去了，双方的平衡关系，首先由他出手打破，而且还撞到了对方的刀口上。兄弟四人中，郑厉公之所以能笑到最后，是因为他善于明哲保身和权衡利害，再不走小命难保。

于是，郑厉公出走蔡国，寻求政治避难，临走之前，干了一件仗义事，带走了雍纠的尸体。毕竟这位兄弟为了大家的革命事业，不惜背叛家庭，最后以身殉国，不能再让他葬身鱼腹，这次仗义之举给郑厉公赚了一把人气，以图日后东山再起。

做人留一线，日后再见面，祭仲高抬贵手，郑厉公就坡下驴。

郑厉公本应去宋国姥姥家，可现在和宋国已经翻脸，或者去鲁国，经过这几年的外交斡旋，投桃报李，鲁桓公现在成了郑厉公的铁杆兄弟。

但是他没走远，最终选择去蔡国，这就是他高于其他三兄弟的过人之处。

蔡国的西北之处，接壤的是郑国的别都——栎邑，曾经在某一时期做过夏朝的首都，所以也叫夏都，即现在的河南省禹州市。既然能称为郑国的别都，那起码相当于今天的国家直辖市，栎邑的行政长官尊称为檀伯。一听这名字，就可想而知栎邑在郑国的政治和经济地位。鲁国史官记录《春秋》，经文中把楚武王和巴国国君称为楚子和巴子，郑庄公和郑厉公称为郑伯，但是一个名字少见经传的栎邑长官就被称为檀伯，足以说明栎邑和檀伯地位之高。

栎邑被郑厉公瞄上了，准备作为自己反攻的根据地。

郑厉公之所以没有远走鲁国，是因为郑厉公在郑国人气指数相当高，可以想象一下，一个处心积虑想要从太子忽手中抢班夺权的野心家，能不平时广结人脉、培育党羽？

不愧是郑庄公生的，有时候真传不如遗传。

郑厉公夏季出走蔡国，秋季就借助当地人在栎邑暴动起义，行动顺利，革了檀伯的命。于是郑厉公大摇大摆回到栎邑，拉起来郑国临时流亡政府。

作为郑厉公的铁杆兄弟，鲁桓公也在外围遥相呼应，呼吁宋、卫、陈三国采取行动，送郑厉公回国还政。宋、卫、陈三国此时对郑厉公的态度就很冷漠，对于鲁国的斡旋不理不睬，最后鲁国干脆单干，结果不了了之。

再说郑国现政权这边，郑厉公一出走，国不可一日无君，郑庄公还有三个儿子可选：太子忽、公子亹、公子婴，推谁上位？现在是祭仲坐庄，他请谁上桌谁才能上桌，祭仲还是坚持郑庄公定下的组织路线，从卫国请回了太子忽走马上任，也就是郑昭公。

这时已经是太子忽流亡卫国的第四个年头了。

祭仲作为资深政客，有些组织原则和政治理念还是要坚持的，不然走不远，所以春秋初期，能够垂帘听政玩弄老大的幕后黑手中，祭仲走得最远。

在郑厉公看来，太子忽才是郑国的复辟政权，因为他太短命了。

太子忽现在已经不是当年那个高喊"齐大非偶，自求多福"的雄性激素男了。这次回国，本想着能当个名誉主席，做个乙方就心满意足了，没想到这次做个丙方都困难。

甲方当然非祭仲莫属，这次半路上杀出个乙方高渠弥，祭仲是甲方，高渠弥是乙方，堂堂郑昭公是丙方。没过两年，郑昭公做丙方也做不下去了，只能做鬼了。

起因是高渠弥和郑昭公之间的梁子，当年高渠弥被郑庄公提拔时，还是太子的郑昭公极力反对。虽然反对无效，但高渠弥怀恨在心。郑昭公还政的这两年，君臣之间的梁子也没解开。于是，趁着和郑昭公一起出外打猎的机会，高渠弥把本来射向猎物的箭射向了郑昭公，这位曾经的郑国一哥当场毙命。

这起谋杀的可悲，在于一点技术含量都没有。更可悲的是朝野上下一点反应也没有，不然的话，近在栎邑的郑厉公可以趁乱而入。祭仲这个甲方也不会为了丙方被杀，而去追究乙方的责任。关键是国君的人选不缺，并且甲乙双方立刻达成共识，老大太子忽被杀，老二在外做匪，于是推举老三公子亹上位，看似很合理。

公子亹也将成为一个悲催典型，历史上没有获得谥号，因为他死得更快。

第十四章

春秋第一恶霸

1. 一场情杀

公元前698年，即鲁桓公十四年，也就是宋国拉着齐国、蔡国、卫国和陈国群殴郑国，拆走了郑国大宫的房梁，搬回宋国建造城门的那一年，春秋三小霸之一的齐僖公薨了，太子姜诸儿接班上位，是为齐襄公。

齐襄公是郑太子忽的粉丝，崇尚的就是暴力，当一个人既崇尚暴力，又有权力的时候，那就是一个暴君。

于是，齐襄公的弟弟公子小白，就是以后的春秋五霸之首——齐桓公，眼看情势不妙，为保小命，赶紧离国避难，出奔莒（Jǔ）国。

这个时候郑国已经过气了，在北方诸侯中，齐国最强，又恰逢齐襄公当政，那就是牛人骑在牛背上，远看近看都是牛上牛。齐襄公一生干的缺德黑心事不少，但死后被追授谥号为"襄"，上等褒谥，"辟土有德""甲胄有劳""因事有功"谓之"襄"。可见齐国官方政府还是认可这个黑老大的，他做的一切都是为了齐国霸业，虽然方式方法有点粗暴。

齐襄公上位，继续老爸的扩张路线，但是做啥事都要比老爸猛三分，一改齐僖公摇羽毛扇的作风，他摇的是大刀。

这次刀口对准的是纪国。

纪国这时候认了一个干爹,就是鲁国,虽然大家都是侯爵,辈分相当,但纪国现在是国破山河在,只剩一个半殖民地半封建制的纪氏政权了,只要鲁国能救命,别说认干爹,抱腿当小三都行。之前,在鲁国的撮合下,纪国还攀上了一门皇亲国戚,纪侯不惜将自己女儿嫁给行将老朽的周桓王,过门没几年,这个有着周天子头衔的女婿就死了。

鲁国出于国家利益考虑,也不愿意看着齐国坐享独大,于是在齐襄公上位的第四年,鲁桓公就拉着他的这位大舅哥和纪国坐到一起:大家手拉手,现场结个盟吧。

盟是结了,但齐襄公回头就感觉被这个妹夫给诓了。于是很不爽,就在齐鲁边境主动挑起冲突,发泄怨气。

齐、鲁毕竟是亲家,相当于人民内部矛盾,鲁桓公也不太在意,交代手下,兵来将挡,水来土掩,保持克制,严禁升温,最后不了了之。

齐襄公毕竟是齐襄公,身上继承了齐国简礼易俗、皆为我用的优良传统。为了对付纪国,必须取得外交上的支持。齐襄公也向纪国偷学了一招,主动和周天子攀起了亲戚,向当时的周朝一哥周庄王求亲。齐国是富户,周庄王求之不得,经过推敲遴选,决定把自己的妹妹嫁给齐襄公为妻,史称王姬。

王姬是天子之女的特殊称谓,天子之女嫁给诸侯国君,称谓就不再适用于姓氏加谥号的组合，比如这次齐襄公娶周桓王之女、周庄王之妹为妻，这个妻子的历史称谓就不能叫庄姬，还是要称之为王姬，王姬是身份的象征。

齐襄公娶的就是这个身份，让天下都知道，纪国嫁女求荣，齐国以娶王姬为荣，哪个更牛？天下人都知道。

公元前694年，也就是鲁桓公十八年，齐襄公准备高规格、大排场迎娶王姬。这既是一场婚礼，也是一次外交峰会，各个友好邻邦都会组团贺喜，级别起码大夫以上，鲁桓公作为特邀嘉宾率队参加。

鲁桓公此行还有一项露脸的事，就是主持婚礼，鲁国是国际上公认的礼仪之邦，请来鲁桓公作为婚礼主持人，东家绝对有面子。

周天子嫁妹，肯定不能像达坂城的姑娘，自己赶着马车来，而且夫家也不能吹吹打打直接上门接亲，必须是经第三国转手一次。一般这个第三国都是鲁国，因为鲁国是周公之后，周公是周礼的创始人，周王嫁妹必须合于礼制，程序是这样的：鲁国要在国境内为周天子之妹建造一处行宫，然后择良辰吉日，吹吹打打把周天子之妹接到鲁国，再由夫家择良辰吉日，在鲁国的见证下，吹吹打打迎亲回国，这才算得上真正的明媒正娶。

鲁桓公还有一个身份就是齐襄公的妹夫，这次出访既代表鲁国，也代表私人。既然代表私人，那带不带上老婆文姜就是个问题。

这里的细节史书没有记载，《东周列国志》做了一些想象发挥：文姜强烈要求跟团随行：哥哥娶嫂子，哪有老妹不到场的道理？

文姜虽然很任性，鲁桓公还是要公事公办走程序，起码开个会，大家民主讨论。当然拍马屁的占多数，谁都知道文姜在朝堂上影响力大，估计像"文姜国母国色天香，堪称鲁国形象大使"，或是"文姜富贵不忘人伦，心系家乡，堪称国母"之类的话占据主流。

但有一个人持反对意见，乃文化名人申繻，鲁桓公当年给自己儿子姬同起名字都要征求这位大腕儿的意见，可见这位仁兄的影响力，他说了一段话："女有家，男有室，无相渎也，谓之有礼。易此必败。"

这话有点晦涩，但基本上表达了两个意思：

一、女有家，男有室。文姜是鲁国媳妇，当以鲁国为家，你是文姜的男人，就得像个男人，特别是在老婆跟前。

二、易此必败。老大，谁听谁的，别搞反了，搞反会翻船的。

鲁桓公还是听了老婆的，当年正月，趁着年轻，夫妻双双回娘家。

狗血的事就这样发生了。

文姜见了情哥哥齐襄公之后，恋情亲情一起爆发，史书上没有记述爆发的细节。

我们可以推理想象一番。

文姜和哥哥齐襄公之间的事，让鲁桓公发现了，鲁桓公蒙了：自己被戴绿帽子了，而且还是自己的大舅哥给的，作为礼仪之邦的鲁国国君，代表的是鲁国人民，这以后自己还怎么混下去？

男人遇上这事，不是高血压，也要血压高。所以，以下选项是鲁桓公的必选动作：

一、骂其贱人，骂其乱伦，骂其不要脸；

二、威胁：降为庶人，打入冷宫；

三、扬言：昭告天下，齐襄公和妹妹文姜男盗女娼，老子要发兵，报仇雪耻。

鲁桓公大概忘了自己现在身在齐国，即使是在私下对自己老婆发飙，那也是在齐襄公的地头上，真要算账也要等到回到鲁国再说。

所以，鲁桓公做事还是嫩了点。就从他当年轻易被公子挥骗过，对自己的哥哥鲁隐公下杀手这件事来看，这位仁兄太冲动，冲动是魔鬼。

鲁桓公发现了夫人文姜与齐襄公的秘密

鲁桓公的这番话，文姜肯定不会憋在心里，委曲求全，以求息事宁人，文姜本身就不是那省油的灯。

文姜一五一十全盘托给了情哥哥姜诸儿，按照推理文姜肯定问：

一、鲁国我是没脸也没胆再回去了，国母的待遇肯定没了。

二、这事传出去了，您和王姬这婚还结不结？

三、哥，咋办？

齐襄公现在俨然是一个黑社会老大，既有钱又有权，就看敢不敢。文姜果然没看错，自己这位情哥哥特别爷们。一条路，就是让鲁桓公死，让他戴着绿帽子上西天去。

也只有这条路可走了，但要让鲁桓公死这事，也只有齐襄公这种黑社会老大干得出来。鲁桓公那可是一国之君，堂堂侯爵，总不能抓起来就砍头，然后昭告天下，此乃情杀，国际社会不会答应。

他先物色了一个杀手，名曰公子彭生，能称为公子，肯定就是自家人，落选国君继承权的堂叔辈姜姓子孙。此人的特点就是勇猛大力，力大无脑。

干这种事，肯定要进行杀前动员，当然不能对公子彭生说实情：寡人干了隔壁老王的勾当，现在必须杀人灭口。必须站在国家利益的立场，说是为了齐国霸业，我方一直想将纪国收入囊中，但长期以来，鲁国从中作梗，此次鲁侯来访，机会难得。

这次不是暗杀，也不是明杀，是杀人不见血——酒后猝死。要是一般人，绝对想不出这么高技术含量的谋杀方案。

史书记载，四月初十，齐襄公大宴以鲁桓公为首的各路宾朋，本来春秋初期，不提倡饮酒，酒的主要作用体现在祭祀礼仪场合，特别像元首峰会这种外交场合，更是慎之又慎。作为礼仪之邦的鲁国国君，更是深谙此道。

但是对一个戴着绿帽子的人来说，又是面对着给自己戴绿帽子的情敌，酒就是个好东西。

关键齐襄公这个东家，目的就是要鲁桓公喝多，所以毫无悬念，鲁桓公醉得口无遮拦，酒话连篇，竟然来一句："同非吾子，齐侯之子也。"

这句话，等于现场开了一个新闻发布会，鲁桓公宣布：

齐襄公和文姜兄妹乱伦，姬同就是这一对狗男女的私生子，此乃奸夫淫妇。

姬同，鲁桓公之子，未来的鲁庄公。

这句话，让在场的齐襄公很难堪，等于被人扒光衣服走T台，以这位黑老大的作风，必须让这位妹夫死得很难看。

于是，按照预谋，鲁桓公喝多了，酩酊大醉，由公子彭生把鲁桓公抱回车上，打道回府，结果鲁桓公死了，是被公子彭生抱死的。

历史记录：拉杀。

冯梦龙在《东周列国志》中描述为鲁桓公被扯断肋骨，血流满车而死。如果真是这样，那这个杀人的手段也太低级了，和狗熊扑食没什么区别，还不如用牙直接咬死鲁桓公更利落一点。

鲁桓公就这么被抱死了，堂堂鲁国国君，总得有个交代吧。此时鲁国的外交使团还在齐国，文姜也在齐国，虽然大家都明白，但身陷狼窝，只有狼说，没有理说。

黑社会老大做事，专糊弄鬼，不糊弄人，齐襄公就这样，不怕人不信，就怕鬼不信。

你们哪只眼睛看见我加害过寡人之妹夫？

寡人待客一向宾至如归，寡人和寡人之妹夫，也就是你们鲁国老大，自始至终都在把酒尽欢，虽然你们老大酒后失态，出言不逊，但寡人大量，对他鸡毛未碰，滴血未沾，现在他酒后猝死，与我何干？与齐国何干？寡人妹妹文姜都对其亲夫之死没有非议，如果你等故意栽赃陷害，寡人也不是好惹的。

哥，您再黑，也得有个交代吧，否则鲁国人民不答应啊，哪怕是说被公子彭生抱死的也行啊。

好，这个说法好，那就发布两国联合公报：鲁国国君姬允出访齐国，酒后被抱身亡。抱人者公子彭生，难辞其咎，当以命相抵。

这才是真正的杀人灭口。公子彭生自以为帮老大杀人灭口，结果老大要杀他灭口。所以公子彭生死不瞑目，鲁国人也替他喊冤，当然这个喊冤的口号没法通过外交或政府渠道发声，最后只能通过历史的方式表现。八年后，就在齐襄公被人诛杀的前夕，《春秋左传》浓墨重彩地虚构了一个公子彭生化身野猪，找齐襄公索命的故事。且不考证故事真伪，就这点破事不足以登上微言大义的巨著，但《左传》是鲁国史官记录的，言为心声，构述这个故事就想表达一个意思：世界那么大，为什么有冤不能喊？

于是，鲁国使节团带回鲁桓公的遗体和公子彭生的人头回国交差。大家肚明心知，齐襄公是主犯，文姜是从犯。所以文姜不敢随团回国，留在齐国，还可以做个情妇，回到鲁国，那就是个淫妇，说不定要为鲁桓公殉葬。

鲁桓公猝死，换来的是他和文姜的大儿子姬同接班，是为鲁庄公。鲁庄公上位的第一件事，除了老爸的入土为安，就是立刻对外声明：和文姜断绝母子关系，而且是永久性。其实鲁庄公继位时也就是个十五六岁的小毛孩子，精神上还处于恋母哺乳期，只是情势所迫，国内对文姜的声讨之声不绝于耳，从后续的发展来观察，鲁庄公还是接纳了文姜。

文姜很庆幸，对她来说，现在的一切都是最好的安排。如果鲁桓公不死，儿子姬同很可能因为她和哥哥齐襄公的苟且之事，而失去太子之位。这一点从鲁桓公酒后吐真言，"同非吾子，齐侯之子也"，可以推断出，自己的儿子姬同将是鲁桓公的下一个报复对象。

文姜留在了齐国。

关于这件事，人民群众的眼睛是雪亮的，竟然把它编成流行歌曲，互相传唱，后来被载入《诗经》。

> 敝笱在梁，其鱼鲂鳏。齐子归止，其从如云。
> 敝笱在梁，其鱼鲂鱮。齐子归止，其从如雨。

> 敝笱在梁，其鱼唯唯。齐子归止，其从如水。

敝笱，就是烂鱼篓子，挡不住齐襄公和文姜之间的鱼水之欢。

鲁国还有一件国际义务需要履行，就是继续帮自己的仇敌齐襄公张罗迎娶王姬。鲁国是礼仪之邦，诚实守信单位，公是公，私是私，桥归桥，路归路。

2. 首止会师大会

人生的好多做事行为都是一种习惯使然，齐襄公就是这样，他已经习惯黑来黑去。

拉杀鲁桓公的当年秋天，也就是郑国公子亹元年，其实是公子亹上位国君宝座的第二年，齐襄公在卫国的首止举行会师大会。

首止，地名，今天的河南省睢县境内，《春秋》经文中多次出现，春秋五霸之首的齐桓公曾经在此举行过一场声势浩大的尊王攘夷大会——首止会盟，因此，首止曾经闻名春秋。但这次齐襄公组织的不是会盟，而是会师。所谓的会盟大会，那就是吃肉喝酒谈合作；所谓会师，那就是带刀赴宴，华山论剑。

在春秋初期，首止属于卫国领土，齐襄公将会师地点选在齐国之外的第三国境内的原因，一是齐国地偏，相当于周天子脚下的郊区；二是齐国现在是是非之地，因为鲁桓公之死，齐襄公声名狼藉。到底有哪些诸侯参加会师，史书并未详细记载，按常理推测卫国是东道主，肯定要到场，其他郑、宋、蔡、陈、许等应该会过来捧场，特别是许国刚刚脱离郑国殖民，三年前在许叔的带领下刚刚独立，没有齐、鲁、宋等国的鼎力支持，许国不可能复国，所以许国肯定会到场求表现。

齐国是此次会师的发起人，卫国是承办方，针对的是郑国，原因是郑国的傀儡国君公子亹曾经和齐襄公结过梁子，至于因何结怨，说法众多，可以推理一下：当年郑公子亹和齐太子姜诸儿都是豪门浪子，一个老爸是郑庄公，一个老爸是齐僖公，都是春秋小霸。齐僖公和郑庄公还算得上和平相处，所以可以排除一下，这两位也很难因为两国利益而冲突结仇，那就只剩下一种可能，因为娱乐而争风吃醋。

对于这两位豪门浪子来说，生活在食物链的顶端，混的都是顶级娱乐圈，当时的娱乐潮流从追求酒池肉林的简单粗暴型，进步到精神情趣型，已经开创了中国传统的声色犬马型娱乐项目。齐太子姜诸儿，早年就和妹妹文姜甜蜜上了，所以姜诸儿和公子亹因男女绯闻之事发生冲突的可能性可以排除掉。剩下的只能是耍斗，就是斗鸡走狗之类，其中以斗鸡最为流行，成语"呆若木鸡"，说的就是周宣王年间，斗鸡大师纪渻子为周王训鸡的故事。

古人斗鸡也疯狂，不亚于今天的足球。《左传》记载，鲁昭公时期，季氏家族和郈氏家族就因为斗鸡结下你死我活的梁子，互相撕逼。斗鸡斗鸡，实际上是场上斗鸡，场外斗人。

所以江湖传闻，早年，郑公子亹和齐太子姜诸儿都是斗鸡场上的超级鸡迷，因斗鸡结下不是我生就是你死的绝交之恨，简称生死之交。这个说法有一定的可信度，今天的足球流氓，追溯到古代就是斗鸡流氓。

话说郑国收到齐襄公送来的首止会师的邀请函，准确地说，是现任国君公子亹收到了邀请函，决定代表齐国参加首止会师。

老大出门，总得有个跟班才有面子，能帮老大压得住阵脚的当数朝中祭仲和高渠弥。祭仲是政坛高手，对齐襄公的黑来黑去早有耳闻，感觉此去凶多吉少，干脆称病请假。高渠弥就喜欢干一些既长脸又没有一点技术含量的事：祭仲不去，老子去。

于是，公子亹和高渠弥手拉手，代表周天子大郑诸侯国参加首止会师。等到了首止会师，本以为可以华山论剑，各出绝招，谁知道，他们两个只有一条路：各自绝命。

齐襄公简单粗暴，一点技术含量都没有，明明白白告诉各位大佬：这次我做东，换个玩法，把首止会师改为首止会命，那就先拿公子亹和高渠弥的命剪个彩。

公子亹还是拿出当年斗鸡走狗的气势，根本就没把齐襄公当作甲方，认为大家都是侯爵，红蓝双方公平公正、排兵推演，毕竟是在第三国会晤的国际场合，难道我不认尿，齐襄公还敢要我的命不成？

齐襄公就是这么干的，没有一点技术含量，直接把公子亹给砍了。公子亹成为历史记录的，为了斗鸡这项体育赛事第一个付出生命的鸡迷。

高渠弥被五马分尸，他死有应得，谁叫他简单粗暴杀了齐襄公的偶像太子忽，就是郑昭公。估计在行刑现场，齐襄公肯定要仰天长叹：忽哥，兄弟给你报仇了。

关于公子亹的死，历史上没有异议。但是关于高渠弥的死活，司马迁和《春秋左传》有分歧，司马迁认为高渠弥逃回郑国，《春秋左传》认为高渠弥被五马分尸。

哪个可信？

司马迁是五百多年后写这段历史的，就相当于现代人写明朝的事，如果司马迁手里的参考资料有限，那就是相当于写传说。

《春秋》是根据鲁国史官逐年记录精选而成，夸张地说，《春秋》就是日记的精选文摘，左丘明能为《春秋》做传注解，说明他通读过不止一个鲁国史官的记录，而且是综合各方记录，再加以润色提炼。

如果《左传》对于高渠弥之死不能如此肯定，它断然不可能进一步详细到五马分尸，只须简单随公子亹一笔带过而已。

因此，这次还是《左传》更可信。

一年之内，齐襄公连杀鲁国和郑国两位重量级国君，这不仅罕见，而且大周朝开张以来从来就没见过这种事。即使三监之乱，周公旦也一连处决了两个国级大佬，一个是武庚，一个是管书鲜，那也要走个司法程序，公开问斩。所以，不得不说，齐襄公是春秋第一恶霸。

公子亹被杀，郑国人民很淡定，只报丧，不报仇，在祭仲的领导下，又指定了郑庄公的另一个儿子——公子婴作为乙方，史称郑子婴。

明知首止会师杀机四伏，祭仲没有极力死谏，阻止自己的老板和高渠弥，自己却明哲保身，说明祭仲没有真心把这两位当作革命同志，所以对于他们的死，祭仲也很淡定。

3. 此时的周天子

公元前701年，郑庄公死了，五年后，老冤家周桓王也死了，同年周桓王的嫡长子姬佗接班上位，是为周庄王。

周庄王上任四年后，也就是公元前695年，齐襄公连杀两位侯爵级别的大国国君：鲁桓公和郑子亹。按理来说，周王朝就是当时的国际大法庭，周天子就是国际法庭主审大法官，可是周庄王一声没哼。

周庄王苦啊，不是没良心，而是没心跳。

周庄王的爹周桓王已经死去四个年头，竟然未葬，《春秋》美其名曰：缓葬，意思是等候时机，大办特办，实际上是没钱办。

不仅如此，他还摊上大事了。

他的亲弟弟子仪，史称王子克，要革他的命，造他的反。

这事还得从他爹周桓王说起。周桓王正妻王后生的只有两个儿子：姬佗和姬子仪。这哥俩的处境有点像当年的郑庄公和共叔段，只不过这次败家老妈武姜换成了昏头老爸周桓王。周桓王也是嫌大爱小，只要细细品味一下姬佗和姬子仪这两个名字，就能品出哪个才是老爸的心仪男孩。姬子仪，又有一个嚣张的别称——王子克，这个别称如果没有老爸周桓王撑着，谁敢这么称呼，一般情况下，谁叫谁死。

王子克才是周桓王的心仪男孩，所以周桓王一直就想方设法让王子克接自己的班，可是实际情况不允许，嫡长子继承制是周天子制定的宪法，如果周天子知法犯法，那周天下岂不大乱？

所以，周桓王几次提议，几次通不过。

但是，周桓王不甘心，临死之际又想出了一个昏招。他直接找朝中卿士周公黑肩，这位周公黑肩属于周公序列，官方称为周桓公。这时候，郑庄公已经被罢免，朝中卿士只有周公黑肩一人，堪称大权在握。周桓王委托周公黑肩，确保姬佗宾天之后，按照兄终弟及，由王子克继承王位。

当然，周桓王想让小儿子王子克过一把帝王瘾，这一系列安排当事人肯定是知道的，最起码姬佗、王子克和周公黑肩肯定知晓，而且还要当面表态，就差歃血盟誓了。否则，到了未来周庄王宾天那一天，就凭某一个人一面之词，突然间要兄终弟及，鬼才信你。

姬佗很无奈，但必须答应，否则现在就可能被废；王子克迫不及待，但只有此路可通；周公黑肩身负重托，突然间感觉自己变成了甲方。

再说周庄王姬佗从小不受待见，心知肚明弟弟姬子仪才是老爸的心仪男孩，但是在出生顺序上他占有先到先得的先天优势，所以处处小心，时时在意，总算在老爸周桓王宾天之前，也没有被抓到废嫡立庶的把柄，顺利当选东周王朝第三任周天子。

姬佗是传说中说书人的始祖。从小生活在弟弟王子克的阴影之下，心灵成长经历有点类似太爷爷周平王，即使当上周天子之后，也要夹起尾巴做人。世道变了，周天子就是个光杆司令，在国际上没有发言权，于是姬佗埋头治理民风，争取在周天子的脚下，人心向善，民风淳朴，人人争做模范公民，在软实力上继续担当普天之下的领导者。

于是，传说中的击鼓教民登场了。

穿越时空，想象历史，基本上是这样的：周天子张榜招聘各色能说会道之人，集中培训，培训材料由太史艺人等组织编写，内容涉及仁义孝、礼智信和春秋六艺：礼、乐、射、御、书、数。重点要求：形式接地气，语言平民化。

于是大约两千七百年前成周洛邑，每天清晨，经过专业培训过的这帮能说会道之人，领受王命，兵分四组，从王宫的东南西北四个方向组队出发，走街下乡，所到之处，击鼓召集民众，由这帮能说会道之人，按照培训材料，教化民众，现在官称传经送宝。

这就是最早的工作宣传队。

后来周朝没落，这帮能说会道之人流落民间，逐渐转行，称为说书人。

姬佗在推行说书新政的同时，也没忘记处处小心，时时在意，因为他知道，王子克对他处处居心，时时叵测，这个隔壁老王聚精会神地在盼着他死。

姬佗很健康，王子克很着急，这样下去，老爸的政治遗产——兄终弟及将会成为一个传说。

于是王子克找周公黑肩商量，中心议题就是周庄王姬佗啥时候能宾天，啥时候老子才能过一把帝王瘾。按道理这哥俩无论谁上位，黑爱卿都是二号首长，他只需按章办事就行了。但偏偏他是这个兄终弟及的执行人，兄终弟及的受益人就是王子克，受害人就是姬佗，准确地说是姬佗的儿子，所以周公黑肩这个执行人自然而然就和未来的受害人姬佗站到了对立面。

既然和当朝老大成为政敌，周公黑肩难免天天被穿小鞋。正在哭诉无门，王子克跳出来了，哥俩一合计，这事关键是兄不终，所以弟不及，唯一的办法就是要兄终，革掉姬佗的命。

只要造反成功，周公黑肩岂止做个黑爱卿，直接升级甲方，王子克也就是个乙方。

于是周公黑肩被打了鸡血，开始拉拢朝臣，整合力量。结果这位黑肩兄干了一件蠢事，整合到了一位当朝大佬，史书称为辛伯。关于这位辛伯兄，史书再没有提供丁点资料，单从名字称呼中判断，此人的地位非同寻常。

春秋对人的称呼一般分三种，一是直呼姓名，称之为平称或贱称；二是直呼爵位，称之为官称或大称，三是以叔伯相称，称之为尊称或美称。

所以这位辛伯兄最起码是一方之长，并兼任朝中要职，要不然黑肩兄也不可能舍命拉拢他一起革命造反。结果这位辛伯兄是一位坚定的周礼捍卫者，不但拒绝加入，而且还对这位黑肩兄批评教育，内容大概是：妻妾并立、嫡庶并立、二王并立，必起祸乱，神仙打架，凡人遭殃，废嫡立庶属于大逆不道，兄终弟及的规矩早就没了。

兄弟啊，造反是要杀头的。

回过头，辛伯告密周天子，这次周庄王没有再给黑爱卿穿小鞋，而是让周公黑肩的人头穿刀而过，直接咔嚓了。

周公黑肩只是个从犯，王子克才是主犯，杀完从犯杀主犯，这是国际惯例，可是这位主犯好像时刻准备着要和老大干仗，而且粉丝众多，周庄王抓起来并不那么顺手。

于是发生了王子克之乱。

在周王朝历史上，能够以乱著称的这是第二次，前面是三百多年前的三监之乱，当时周公旦用时三年才将三监之乱扑灭。因此推断，王子克之乱也是非同寻常的乱，确切地说是大乱其国。原因在于王子克在拼爹世代就已经得势日久，养虎成患,即使老爸周桓王挂了,又留下了一个兄终弟及的政治遗产,这就意味着他还是未来的接班人,当然各种风险投资,政治追随者不乏其人。

王子克之乱,对于周王朝来说,属于鸡窝内斗,里外都不是个光荣史,所以记录甚少。总之,姬佗用上吃奶的劲儿,终于平定了王子克之乱,但主犯变成了逃犯,王子克逃到了黄河以北的南燕国。南燕国,姞姓之国,并非姬姓之国。所谓异姓之人,必有异心,周天子没拿南燕国当亲儿子看待,南燕国自然也就不认这个爹,收留了周天子的政敌,权当捡漏,说不定日后风云突变,可以卖个好价钱。

4. 纪侯大去其国

周王姬嫁给齐襄公的第二年，身心交悴，郁郁而终。同年，还有一位大佬升天：郑国的老冤家宋庄公，早前流亡郑国的宋公子冯。

周王姬的死，娘家周庄王完全没有当回事，因为比起老爸周桓王死了六年还没有入土为安这件事，妹妹的死根本不是事，男主人齐襄公更没当回事，因为他正在忙一件正事。

吞并纪国。

此时，纪国的保护伞鲁桓公被他派人"抱死"了，鲁国的新任国君还只是个十几岁的娃娃，机不可失，时不再来，就在鲁庄公元年，齐国发动了灭纪之战。

《春秋》云："齐师迁纪、郱、鄑、郚。"

翻译过来就是齐国军队接连占领了纪国的郱（píng）、鄑（zī）、郚（wú）三个地区。郱，今天的山东省临朐县东南。鄑，今天的山东省昌邑县西北。郚，今天的山东省安丘县西南。

郱、鄑、郚都是纪国的战略要地，因为它是中原大地通往莱夷地区的走廊，也是鲁国援助纪国的交通线，如果郱、鄑、部落入齐国之手，那纪国将孤立无援，从齐国的后院变成齐国的私家花园，齐国对付纪国犹如关门打狗。

《春秋》一向堪称微言大义，明明是侵略占领，却在此处羞羞答答地用了一个"迁"字，好像齐国军队在自己的领地换防搬家一样，如此看来，纪国不亡都不行。

眼看自己的传统盟友要被齐国关门打狗，鲁国上下震惊，向周天子报警，没用。虽然姬佗名为周天子，实际上也就是成周洛邑方圆五百里的片警，出门就是越界，没人买账。于是，向国际社会呼吁，也没人响应。被逼无奈，情急之下，鲁庄公直接带领军队找到郑国门口，古称滑地，逼着当政的郑子婴表态。

他估计先追忆了一下郑庄公、齐僖公和鲁隐公老一辈先驱建立起来的革命友谊，接着再分析国际形势，最后提醒郑子婴，唇亡齿寒，纪国被吞，眼看齐国坐大，你我以后就会沦落为齐国的小三。

郑子婴，刚刚因为齐襄公杀了郑子亹，被稀里糊涂推上大位，从心理上和生理上还没有适应国君的角色，基本上就没有代表郑国在国际上表过态。因为在郑国，他只是个乙方，甲方还是祭仲。而且，齐襄公流氓一个，人见人怕，为了斗鸡走狗之事，都敢杀一国之君，再说你鲁庄公姬同，被齐襄公杀父淫母，照样还得叫声舅舅，帮着人家接亲送娶，虽然没顶小三的名,但是干着小三的活。

总之,郑子婴拒绝了鲁庄公。对郑子婴来说,自己就是郑国政坛上的小三,在哪儿当,都一样。

纪国的最后一根救命稻草没了。

纪侯彻底绝望了,本来把女儿嫁给周天子,想着换取一张保护伞,结果伞破;想着联盟鲁国,苟延残喘,结果路断了,自己现在就是关在齐国后院的一条狗,任由其处置。

屋漏偏逢连夜雨,纪侯之弟纪季眼看大势已去,主动割地求和,做了齐国的附庸,《春秋》记录:纪季以酅(Xī)入于齐。

酅,在今山东省淄博市临淄区皇城镇石槽村。酅地,纪国的祭祀重地,供奉着纪国的祖先牌位,包括曾经向周夷王进献谗言,烹杀齐哀公的纪国先祖。

春秋时代,国之大事,在祀与戎,意为祭祀和军事并重。祭祀优先,优先到什么程度,两国交战,你可以杀人放火,但对方祖先的牌位你不能动,不但不能动,而且如果战败方跑路,战胜方也要供养跑路方的祖宗神灵。这种供养不只是点蜡上香那么简单,基本上你吃啥喝啥就得供啥养啥,所以春秋战争不会赶尽杀绝,最起码要留人供养对方的祖宗神灵。周武王灭纣,殷商祭祀的活留给武庚,武庚被诛,殷商祭祀的活留给宋微子,总之,天地神灵、祖先祭祀必须代代传香火。

而且，祭祀牌位也要分等级，平头百姓，你就是有再多爹，祖先牌位的阵容再强大，说丢就丢，除非你自己举着。纪国的祖祖辈辈是侯爵，代表一方水土一方神灵，纪国的先祖牌位就是当地的土地神，无论谁上台当政都得罪不起。齐国吞并纪国，要想安得民心、一方平安，纪国的先祖祭祀必须有人守着。所以纪侯之弟纪季，献酅地归齐，一方面亲自守护纪氏祖先的祭祀重地，另一方面也了却了齐国一桩心事。

纪国和齐国同为姜姓，都是侯爵，纪侯显然不能接受投降归齐、跪做附庸的条件。

《左传》相当了解纪侯，用了一句话："纪侯不能下齐。"说白了，就是老子咽不下这口气。

人啊，一旦牛惯了，突然有一天栽了，还不如去死。

纪侯没去死，他早就给自己准备了另一条后路。

在山东沂蒙地区的沂水县，有一处地貌奇特、风光秀美的传奇景区，《沂水县志》记载："相传纪子去国栖此。"因此得名：纪王崮。崮是沂蒙地区特有的一种地貌，意指四周陡峭，山顶平坦之山冈，以"崮"命名，顾言思义固不可摧，易守难攻。沂蒙地区有七十二崮，纪王崮号称七十二崮之首，距离纪王崮八十多公里又有一崮，就是著名的孟良崮。国军名将张灵甫当年选择孟良崮作为负隅顽抗之地，也是看好它易守难攻。

这个纪王崮就是纪侯早已经给自己准备的跑路之所，纪王崮在纪国之南，明显地靠近鲁国，远离齐国，而且藏于沂蒙大山，是一个理想的避难之所。

纪侯跑路之前，祸不单行，女儿突然去世，想象得出纪侯当年的悲惨离泣，也来不及拉上女儿的棺椁跑路他乡，好在春秋礼制相当人道和宽容，即使以流氓恶霸著称的齐襄公也不敢怠慢亡者，齐国按照国君之女，以礼厚葬。

逝者为大，生者如斯。

纪侯无奈只能把纪国政权委托给弟弟纪季，哭别宗庙，到了沂蒙山区这个天高皇帝远之处。隐退山野之际，他也不忘最后恶心一把周天子，谁叫你这个干爹，王无王法，家无家规，见死不救，也不打黑除恶，让我这个堂堂侯爵，落得如此模样。干脆，学一回楚蛮子，老子也称王，此崮就叫纪王崮。

《春秋》云："纪侯大去其国。"

这一年是公元前690年，即鲁庄公四年，这一年发生了另外一件大事，楚武王伐随途中，心脏病突发，死了。

5. 德不配位

周庄王时代，齐襄公无疑算是中原一霸，只是这哥们除了心黑手狠、反复无常之外，没有其他优点可表，纯属恶霸，因此后世没有将他列入春秋小霸序列。

虽然德不配位，但一点也不影响他作为黑老大的号召力。吞并纪国的第二年，他率领一帮小兄弟，鲁、宋、陈、蔡群殴卫国，目的是为了自己的外甥卫惠公（公子朔）复辟，这件事的前因后果，在前一章的"贤能压倒一切"中已经交代过，此处要说明的是宋、卫、陈、蔡原本就是一伙的，主要是长期以来为了对付春秋三小霸而抱团取暖，结下了深厚的传统友谊。但面对我是流氓我怕谁的黑脸恶霸齐襄公，大家不得不顺从他的黑手，因为他说干谁就干谁。

说到这里，顺便交代一下现在这几位菜鸟兄弟的当权者。

宋国的主政者现在是宋庄公（原公子冯）的儿子宋闵公，宋庄公死于三年前。

陈国的情况比较复杂，现在的主政者是患抑郁症自杀的陈桓公的第四个儿子杵臼，史称陈宣公。老大公子免被叔叔陈废公（公子佗）篡位所杀，老二公子跃、老三公子林、老四公子杵臼三人一起找到了姥姥家蔡国，使用美人计杀了陈废公。因为兄弟三人齐心，其利断金，所以对于继承接班的规则也达成共识，优先采用兄终弟及式的方案，结果老二公子跃先上，当了五个月陈厉公，死了；接着老三公子林上，当了七年的陈庄公，也死了；最后轮到老四杵臼上位。

蔡国曾经是卫桓公的姥姥家，自从卫宣公和宣姜搭上之后，蔡国的美女主要出口陈国。蔡、陈两国国情相似，现在的国君继承优先使用兄终弟及式，当家的是蔡桓侯之弟蔡哀侯，蔡哀侯的历史故事比较多，主要源于春秋四大美女之一的息夫人，那是后话。

齐襄公这次结伴群殴卫国，竟然搞到了一张周庄王签发的许可令，《史记》称为王命。这个有点意外，可以想象一下，一个流氓鱼肉乡邻，竟然是受警察局的委托，打着维护治安的旗号。既然有了这个王命，那就是假命伐卫，谁敢不听？当年郑庄公假命伐宋，伙同齐、鲁，三国群殴宋国，郕国不愿跟从，结果就挨了一顿胖揍。

这个假命伐卫的说法来自《史记》，反复推敲，疑点重重，匪夷所思：

首先，周庄王和齐襄公应该刚刚结下了梁子，周庄王的妹妹周王姬，出嫁齐国两年后抑郁而死，这是一个连扫地阿姨都知道的绯闻，周天子的脸还算脸吗？除非周天子的确穷得揭不开锅，周王姬卖身葬父，周庄王把妹妹卖了个好价钱，大肆敲诈齐国的彩礼钱，然后大葬周桓王，这大有可能。

其次，冯梦龙在《东周列国志》中有个说法，不知是否可信：卫国此时的主政者公子黔牟是周庄王的女婿。后来事实证明，齐襄公帮助卫惠公成功复辟后，周庄王收留了公子黔牟，如果冯梦龙爆料属实，这个周庄王脑子肯定进水了。自己下诏令，让齐襄公结伙群殴自己的女婿，然后又去救回自己的女婿，这还不是一般的脑子进水，进的一定是碱水，烧坏脑子了。

冯梦龙的爆料也值得推敲，周天子和卫国同宗同源，都是老祖宗周文王姬昌繁衍出来的姬姓之后，同姓不通婚，通婚属乱伦，这是老规矩。难道世道变了？周庄王除了击鼓化民，还在研究遗传学，推行简礼易俗。

总之，疑点重重。

鲁庄公一百个愿意参加由舅舅齐襄公倡导的这次行动，因为他和卫惠公是直系姨表亲，国级干部里多了一位表哥，谁都乐见其成。

如前书所述，齐襄公把卫惠公推上大位，又顺便给妹妹宣姜指定了一个接盘侠——公子顽。现在齐襄公有两个外甥——鲁庄公和卫惠公名列诸侯，纪国被他收入囊中，娶了周王姬，和周天子变成了舅哥关系，当代两大美女——宣姜和文姜，一个是妹妹，另一个是妹妹兼情人，这成就已经完胜老爸齐僖公。他的人生已经到了巅峰时刻，就像一个贪官，贪得无厌，贪无所贪的时候，人生也就走到了尽头。

此时的文姜表现得非同寻常，虽然鲁国取消其一切国母待遇，甚至鲁庄公发表声明永久性地断绝母子关系，但文姜没有以怨报怨，相反把自己作为鲁国驻齐国的大使，处处为鲁国争取权益。

就在卫惠公复辟成功的当年，文姜做了一件让鲁国上下非常感动的事。说来简单，齐襄公率领诸侯帮卫惠公复辟成功，虽然帮忙对象是亲外甥，但军费消耗还是要收的，那时候没有外汇结算，只能以人抵充，或是以物抵充，人是指奴隶或美女，物指稀贵珍宝。

齐国军队没有空着手回，连抢带拿还有送的，满载而归，几个小兄弟鲁、宋、陈、蔡没捞到油水。小兄弟们心里清楚，跟着这位黑老大混，就没指望合伙开公司，同股同酬，只求月亮走，我也走，国泰民安，万事大吉。

但鲁国得到了一份惊喜，齐国竟然把从卫国捞到的好处分享了一部分给鲁国，而且惊喜还不小，《左传》以"宝"相称，《左传》向来惜字如金，能称之为宝，那起码也是小半个价值连城。

这份惊喜的功劳来自文姜，是齐国应文姜请求，归还战利品。

这件事不大不小,但被鲁国史官最起码当作当年十大新闻之一记录在案,因为新闻的主角是文姜。谁都知道鲁庄公虽然嘴上说和文姜一刀两断,但实际上藕断丝连。而且文姜还给鲁庄公预定了一门亲事,齐襄公的幼女,就是以后的哀姜,因为还是被哺乳的幼女,所以只能说是预定。

鲁庄公清楚,爹是不是鲁桓公,他不敢肯定,但妈是文姜这一点无疑,而且鲁庄公刚刚成年,最亲的人还是妈。这次齐国送来的不只是战利品,那是鲁国和文姜的脸面,所以要大力宣传,大肆报道。

就凭这件事,足以证明文姜是个厉害的女人。

后来,历史见证,当文姜花褪残红之后,又在政治上大放光彩,儿子鲁庄公在国内主持日常工作,老妈文姜在齐鲁边境上操持大局。难怪后世以文姜相称,不以桓姜(鲁国不同意)或是襄姜(齐国不同意)相称,江湖上传闻文姜因才华出众而得名文姜。

6. 瓜代有期

公元前686年,也就是鲁庄公八年,齐襄公十四年,齐襄公的生命即将走到尽头。

齐襄公的死,除了用"德不配位,必有灾殃"来形容,还有一句话:不作不死。

还是从齐襄公的女人说起,齐襄公找女人喜欢胳膊肘往外拐,相反自家地里的花缺肥少水。比如周王姬嫁给齐襄公两年,郁闷而死。还有一位缺肥少水但没死的,就是连氏夫人。这位连氏夫人有个带兵打仗的将军哥哥叫连称,连称和另外一位搭档管至父被齐襄公派去戍边。

戍边是个苦差事,尤其这次戍边的是一个在新中国时期都穷得出名的地方,挨着焦裕禄当年履职的兰考县,春秋古称葵丘,现在的河南商丘民权县。葵丘因为齐桓公发起的葵丘之盟而闻名,从地图上看,葵丘虽然属于齐国,但地处宋国的西北,更靠近卫国,可能是齐国的一块飞地。

葵丘这块飞地对齐国至关重要,它是齐国称霸中原的桥头堡,更像是齐国插向中原的一把刀。但葵丘远离齐国腹地,补给困难,当地也是稀荒贫穷,黄河古道从此经过,清沙碱土,禾谷难生。看过电影《焦裕禄》中饥民逃荒的镜头，可以想象，春秋时期的饥荒贫穷比这个严重一百倍，所以在此驻守，要想通过搜刮民脂民膏来改善生活，显然不可能。

连称和管至父驻守在这种地方，不亚于被流放，物资缺乏，地荒人稀，所以哥俩望断黄河，巴不得早日换防回家。好在老板齐襄公答应，等到明年的西瓜熟了，就派人换防。

这就是成语瓜代有期的来由。

齐老板说这话不是瞎说，因为当地盛产西瓜。常言说得好：旱瓜涝枣。葵丘这种沙土日晒风吹，适于种瓜，可这西瓜一年也就一季，春种夏收，可以消暑解渴一时，要指望它饱腹下酒，那纯属科幻。

于是这哥俩又把希望寄托在地里的西瓜上。

又到一年瓜熟节，也到了齐老板承诺的瓜代之期，这哥俩满心欢喜抱着西瓜等换防，结果等来老板两个字：等等。

齐襄公的确正在忙着一件正事：领着鲁国，修理郕国。理由和二十八年前基本相同，本次齐国领王命伐卫，郕国支持不够，就是个理由。实际上收拾一个小小郕国，根本不需要什么理由，关键看老子心情爽不爽。

郕国不经揍，赶快认尿，向齐国投降。

这时发生了一个小插曲。

鲁国不高兴了，以鲁庄公庶兄仲庆父为代表的官僚阶层怨气冲天:这次可是齐、鲁共同出兵伐郕,大家合伙做生意,不能他吃肉,我喝汤。我主张,干齐国。

仲庆父,春秋名人,有能无德,有点评说:"不去庆父,鲁难未已。"

鲁庄公表态了:不可,"齐师何罪,罪我之由"。

当然,实际也是打不过,齐襄公太生猛了。鲁庄公是个厚道人,罪责全当。鲁国的史官专门在史书中大书特书褒扬了一番老板的美德,这才被左丘明记入《左传》。

连称、管至父凉了,冬天说来就来,难道让老子继续在黄河边上喝西北风。

常言道:人以类聚,物以群分。现在有一个人,比这哥俩更凉,就是公孙无知。

国君之子,称作公子,公子之子称公孙,公孙无知就是齐前庄公之孙,齐僖公弟弟夷仲年之子,是齐襄公的堂兄弟。这哥们深得齐僖公的喜爱,不但视同己出,而且超出己出,车马出行,服饰待遇,完全享受太子规格,凌驾于公子纠和公子小白之上。虽然齐僖公没有像周桓王那样,产生让公孙无知过把瘾的念头,但祸根已种。

齐僖公的这种喜爱,在公孙无知看来,就是一种挑逗。

齐僖公一旦死了,公孙无知的保护伞也就没了。齐襄公可是一个连自己亲兄弟都能吓跑的黑老大,公孙无知更加不能容下。以前享受的太子待遇统统拿下，凤凰落架不如鸡，公孙无知凉到了脚。

所以，当连称、管至父和公孙无知三人相聚，凉人见面，分外心凉，归其原因，齐襄公害的。齐襄公德不配位，根本原因，公孙无知没上位。

解决办法：杀襄公，立无知。

齐襄公现在的国际地位属于恶霸级别，公孙无知、连称、管至父之流，面对面叫板肯定是送死，只能伺机暗算。连称的妹妹是齐襄公的妾，不受宠爱。于是他们说服连氏夫人当间谍，事成之后，让她做公孙无知的夫人。

于是，这几位干了一场颇具技术含量的宫廷政变。

对于这场谋杀，《左传》算是独家报道，《史记》基本上算是转载，而且对于整个事件的过程描述煞费笔墨，完全超出春秋微言大义的风格。仔细揣摩，左丘明这样写的目的，主要是为了突出一个小人物。

经过是这样的。

这一年的十二月，齐襄公出宫度假，在姑棼游玩。姑棼，现在的山东省博兴县境内，离齐国国都临淄四十多公里，当天往返。齐襄公一时兴起驱车打猎，遇到一头野猪，高大威猛，而且直立似人，冲着齐襄公哀号啼哭，随从一时眼花，大叫公子彭生。齐襄公顿时惊慌，马惊车震，齐襄公掉下车来，人无大碍，只是脚崴了，慌忙回宫。之后发现鞋丢了，于是责令手下一名徒人回去找鞋。徒人就是无甲之兵，最低级的丘八，这位徒人的名字叫作费。

徒人费徒手而归，鞋没找到，估计国君的鞋也有皇家标记，普通人家捡到了就是传家宝。

徒人费就是左丘明要捧的这个小人物。

此时，齐襄公的老婆连氏夫人，已经把齐老板的行程细节，连带宫内布局，守卫情况，一五一十报告给了新东家公孙无知，并且里应外合，悄悄地领着叛军摸进宫来。

齐襄公心情不好，堂堂一国之君，被一头野猪给调戏了一番，十分恼火，只能向徒人费发泄：连老子的鞋都看不住，拖下去，打。

徒人费挨完打，被赶出齐老板的内宫，迎头撞上摸进来的叛军，叛军一看工服就知道他是老板身边的人，先抓起来准备灭口。徒人费连忙告饶，声称自己被老板无故暴揍，也恨之痒痒，并脱衣展示自己满身的血肉之伤，当即请求加入叛军，共诛黑老大。

叛军当然高兴：兄弟，带路吧，事成之后给你升个官，不再是无甲之兵，最起码弄个带刀侍卫。

徒人费献言：各位老大，趁我身份没暴露，我先进去打探一下虚实，万一老板没在，我们不就抓瞎了？

叛军觉得有道理，于是徒人费返回内宫，见着齐襄公赶紧汇报急情。别看齐襄公平时牛人霸气，轮到自己被人逼到生死关头，开始人尿气短，全无抗争之力，只有躲藏之心。

如果此时的齐襄公面对叛军，大喝一声：我乃齐国一哥，放下武器者，既往不咎；继续叛乱者，诛灭三族；临阵倒戈者，官升三级。然后带领身边随从，搏命冲杀，或许事有转机。

但齐襄公选择了一条最让后人嗤之以鼻，与其江湖名声极不相符的路，那就是找个地方赶紧藏起来。

徒人费急中生智，让一位名为孟阳的侍从假扮齐襄公，钻进齐襄公的被窝，蒙头装睡。反正此时正当隆冬，床暖被厚，也可能会蒙混过关。

蒙混过关的前提就是替齐老板去死，这对侍从孟阳来说需要莫大的勇气，估计这位春秋第一恶霸齐襄公，此时才会感知人心叵测，世间冷暖。当然他此时还不知道他被老婆连氏夫人出卖，平时玩弄女人于手掌之间，没想到到头来却被女人卖到刀下做鬼。

齐襄公扮成孟阳躲到门后，徒人费则带领另外一位侍从石之纷出门与叛军搏杀，希望拖延时间，等待援军。当然这种搏杀就是螳臂当车，简直就是送死。叛军当即杀了徒人费和石之纷，冲进内宫找到齐襄公的床前，看到被窝里瑟瑟发抖裹着一个人,以为是齐襄公,乱刀砍死,杀完验尸,不是本人。

继续寻找,看到门底下露出一双脚,拉出来一看,正是齐襄公,谁都知道,篡位夺权这事没有谈判余地,不留活口,所以直接送齐襄公上路。

齐襄公属于作死,但徒人费、孟阳、石之纷属于因公殉职,特别是小人物徒人费忠心护主,属于大义之举,理应提倡褒扬,所以左丘明才不惜笔墨,让这个小人物彪炳史册。

齐襄公的死,让此时远在宋国的两位合伙人——百里奚和蹇叔暗自庆幸,因为这两位仁兄此时已经人到中年,但还是一事无成,曾经差点投奔齐襄公,准备放手一搏,最后怯于齐襄公声名狼藉而放弃。

7. 姜小白出道

公孙无知可谓政变高手，快、准、狠，完美绝杀齐襄公，这的确需要一些技术含量，首先情报准确，其次计划严谨，还要行动诡秘。

公孙无知如愿以偿当上了齐国国君，连氏夫人也成功转会，连称、管至父也喜迎瓜代之期，如果接下来的事没有发生，公孙无知将成为成功人士。

公孙无知从小好吃好穿，天生一个公子哥，他之所以要革齐襄公的命，还是为了进一步好吃好穿。第二年的春天，上位不到三个月，政局未稳，就先给自己安排了一次国内旅游，他在齐襄公时代压抑得太久，憋坏了。

这次公孙无知的表现人如其名，相当无知。首先，时间不对，去年十一月份发动政变，第二年春天就惦记着放飞自我、吃喝玩乐，此时齐襄公还未下葬，人心不稳，最起码也要等各层主官宣誓效忠，大治大稳之后才能离宫出行；其次，地方不对，公孙无知的旅游目的地是齐鲁交界的渠丘，现在的山东省安丘县境内，关键是渠丘的主官名叫雍林，这哥们一直对公孙无知心怀怨愤。

于是，雍林一不做二不休，把公孙无知给杀了。

齐国人很淡定，两任国君前后不到三个月统统被杀，其他人的生活质量不但不受影响，相反安全感更加提高了。好在齐国国君候选人从来就不缺，当前就有两位在国外待岗。

一位是姜纠，史书上都以公子纠相称，公子纠的姥姥家是鲁国，所以就来到鲁国寻求政治避难。另一位是姜小白，以公子小白相称，以后就是大名鼎鼎的春秋一哥齐桓公。

公子小白的姥姥家是卫国，按常理，小白应该去卫国寻求政治避难。卫国是春秋初期五大强国（齐鲁宋卫郑）之一，国大功夫深，小白如果攀上了卫国，也算有了靠山。但是卫国的老大现在是齐襄公一手扶植起来的卫惠公姬朔，也就是宣姜和卫宣公的小儿子公子朔，他和齐襄公同穿一条裤子，小白如果逃亡卫国，相当于逃出狼窝，又入虎穴。

所以公子小白选择了莒国。

莒国属于东夷，曾经是殷纣王征伐的对象，所以武王伐纣，莒国全力协助，西周开张大吉，周天子册封莒国为四等子爵。但是中原列强始终认为莒国血统不纯。当时的东夷、西戎、北狄、南蛮长期以来被当作外族反动势力，作为东夷之首的莒国，虽然已经臣服周天子，但还是被当作圈外人士。

莒国的历史遗产就是今天的山东省莒县，莒县县城就是当年莒国故都所在。成语"勿忘在莒"就出自莒国和齐桓公的历史故事,说明公子小白当年和莒国结下了深厚的革命友谊。

莒国之所以欢迎公子小白,就是为了做一笔长期风投,在莒国隔壁的鲁国收留了公子纠,同样也是风险投资。所以这两国,一得到齐襄公被杀的消息,就分别准备护送公子小白和公子纠冲刺回国。结果又听说公孙无知已经自立为君,马上戛然而止,这要真冒失撞回齐国,那就是送死。

这回公孙无知被雍林做掉的消息传来,莒国和鲁国立马打了鸡血:终于等到风投要上市了。可这次不是独家竞标,公子小白和公子纠同时入围。据可靠消息,齐国公族达成一致共识:公子纠和小白,排名不分先后,先到先得。

公子小白有优势,一是莒国到齐国国都临淄显然要比曲阜到临淄近许多,二是公子小白有内线,齐国的高氏家族和国氏家族,提早快马加鞭通知小白。小白的胜算大一些。

公子纠的跟前也有高人,这个人身兼经济学家和政治家,就是以后的千古名相管仲。公子小白跟前也有一个贤人,这个人就是千古伯乐鲍叔牙,鲍叔牙和管仲恰恰又是好哥们,两个人早年一起创业做生意,最后以失败而告终。

管仲和鲍叔牙分别选择了公子小白和公子纠,就是等着齐国社稷资产重组的那一天。至于两个铁哥们为什么没有同选一只股,好比哥俩进了赌场,一个押大,一个押小,只能理解为,哥俩有默契,鸡蛋不要放在同一个篮子里。

之所以说管仲是公子纠身边的高人，是因为虽然公子小白的胜算大一筹，但管仲给老板公子纠出的主意更棋高一着：半路伏击，杀了小白，老板您就是铁定的齐国一哥。

事成之后，杀小白者当属头功，管仲毛遂自荐，当仁不让：老板，小人愿效犬马之劳。

从理论上讲，管仲杀小白，需要一定的技术含量，首先曲阜远、莒国近，小白出发在前，管仲追杀在后，管仲最起码要能追上小白，才有机会下手；其次，公子小白那也不是吃素的，再说莒国也不会袖手旁观，好不容易等到风投上市，谁也不愿意看到被摘牌。小白回国，莒国最起码也要精兵强将保驾护航。所以，这事有点难。

但是，现实中公子小白那是回国就任的，不是做贼的，起码也得讲究个仪容仪表，从容不迫，所以车速慢点可以理解。管仲是做贼劫道，只求一个字：快。结果真的追上了。

对方精兵护卫，管仲如果带人迎头猛攻，那肯定是难上加难。于是安排狙击手，放箭狙杀。果真，射中小白，但射中的是小白的衣服带钩。做人做事，要有点运气，运气来了鬼都挡不住。所以不要怀疑电影中纽扣挡子弹的真实性，现实中可能更惊险。

公子小白安然无恙，但依然装死，并且整个队伍都装出小白毙命的样子。管仲信以为真，立即飞报老板公子纠，公子纠大喜，于是从容不迫，吹吹打打向临淄出发。

从曲阜到临淄，大约二百五十公里的路程，公子纠用了六天时间，可以想象得出公子纠是多么从容不迫，估计沿途道喜不断，喜酒频频。马迈八字步，车走阳关道。

但是，公子小白早已报到，并由高氏家族和国氏家族推举上位。公子纠本以为要来登基继位，没想到过来只能喝小白的喜酒，于是仓皇逃回鲁国姥姥家。

公子小白继位齐国第十六任国君，是为大名鼎鼎的齐桓公。这叫大难不死，必有后福。

第十五章

此时的秦国

1. 圈外人士

写到这里,应该说说秦国。

在春秋初期,也就是东周开张的近百年,秦国乏陈史书,无迹可表,国际舞台上演的都是小霸闹春秋,齐、鲁、宋、卫、郑等中原列强几乎不愿意带着秦国玩。

因为,此时的秦国并非圈内人士。

首先,秦国的活动中心就不在圈内。早期的秦人发源于西陲,今天的甘肃陇南市,历史上称之为秦国的第一次建都,其实西陲就是一个秦人聚集区,根本建不起一个像样的都城,因为太穷了。到了秦非子时期,第二次迁都秦邑,今天的甘肃天水市境内。周平王时代,秦襄公勤王有功,被封为诸侯,秦人第一次挺进中原,第三次迁都汧(Qiān)邑,就是今天的陕西宝鸡千阳县。虽然周平王西迁当年承诺秦襄公,岐、丰之地可归秦,那也就是抬手画了一圈,以秦国的实力,不要说镐、丰之地,单单统治一个西岐,周围都打扫不净,秦国老大巡游一趟镐、丰,那都算是出国旅游。

西岐,关中西部,离齐、鲁、宋、卫、郑等中原列强老远了。

平王西迁，原来的宗周之地，镐、丰一带，连人带物，砸锅卖铁全带走。而且为了驱赶人口跟随平王西迁，防止百姓留恋故所，民房住宅几尽全毁，剩下的城是残垣断壁，剩下的人是孤寡残废。

这个烂摊子，秦人还来不及收拾，基本上是三不管地带，犬戎乘虚而入。犬戎这次光顾，不是为了当土匪，而是为了建设新家园。封地建国，自称为王，公开和周天子叫板，丰国、亳国、大荔国等，就这样应运而生。

成周洛邑以西三百多公里是大荔国，今天的陕西大荔县。

成周洛邑以西三百八十公里左右是亳国，《史记》称之为汤社，今天的西安附近。

成周洛邑以西四百多公里的是丰国，今天的陕西户县范围。

成周洛邑以西五百多公里的是秦国，今天的陕西宝鸡。

在周天子和秦国之间除了隔山隔水，还隔着丰国、亳国和大荔国等。而且这几个不属于周王朝序列，它们属于戎人少数民族自治政府，老大自称丰王、亳王和大荔王，在国际地位上和周天子平起平坐。除了丰王、亳王和大荔王等有头有脸的，还有数不清的犬戎游击队。秦人是在犬戎的夹缝中生存，和齐、鲁、宋、卫、郑等诸侯列强隔山隔水，隔着一个周天子，还隔着好几个少数民族自治政府。

其次，文化层次不同。打个比喻，成周洛邑和鲁国都是研究生学历，齐、宋、郑、卫、蔡、陈等国起码是个本科学历，楚国可以将就个大专毕业，秦国最多就是个上过几天高中的社会青年。

周王朝讲究以德服人、以礼治国，所以对文化素质的衡量就是周礼周乐。周天子相当于东周帝国礼乐大学的行政校长，鲁国是周公之礼的传承人，相当于周公学院的院长，不用在校学习也享受名誉博士称号；齐、宋、郑、卫、蔡、陈等诸侯，那是名门之后，从小耳濡目染，自然熏陶，对周天子的家规家训一来二去，熟门熟路，所以拿个本科文凭没问题；楚国是野路子出身，但也自成体系，勉强对付荆楚蛮夷，所以混个大专毕业；唯独这个秦国是从奴隶到将军，而且长期和犬戎打交道，生性残暴，建国没多久，就带头创立了诛灭三族的刑罚，第一个用活人殉葬，这完全与周王朝亲如宗亲、礼乐天下的价值观格格不入，所以最多就是个高中没毕业的社会青年。

最后，出身不同，门风不同，背景不同。齐、宋、郑、卫、蔡、陈等诸侯，都是名门望族，齐祖乃姜子牙，宋祖乃殷商，郑祖乃周幽王叔叔、当朝司徒，卫祖乃周武王弟弟，蔡祖乃周武王弟弟，陈祖乃虞帝舜之后，秦祖的最高级别是周穆王的车夫。当秦人还在牛羊堆里的时候，其他诸侯大佬已经开始混迹上流社会。

在中原列强的眼里，犬戎是一群流氓，秦人也就是流氓中的流氓。所以，大家不是一个圈里的人，没法手拉手。

郑庄公、齐僖公、楚武王倡议的各种结盟运动，根本没有秦国的份儿；周天子多次组织诸侯联军，也不会邀请秦国组队参加，因为秦国用来对付犬戎的那套战法，又土又蛮，实在有损春秋礼仪；诸侯之间相互联姻，就是不拉着秦国玩。

按照常理，姬姓太子的产量远远大于外姓公主的产量，周礼规定同姓不通婚，所以姬姓之外的诸侯之女一向需求坚挺。秦女是嬴姓赵氏，但秦国公主就是没有销路。虽然几百年后发生了"秦女好，可自娶"的案例，但在春秋初期竟然和戎人联姻，秦襄公就把妹妹缪嬴嫁给丰国，换回被犬戎俘虏的哥哥世父。那时候的秦国想娶一位大国公主回家光宗耀祖，就是没有哪家诸侯大佬愿意搭理。

《史记》载："襄公于是始国，与诸侯通使聘享之礼。"意思是秦襄公时期，秦国开始位列诸侯，封地建国，开始和诸侯之间互通使臣，行使聘享之礼，这其中就包括聘享联姻。

于是秦襄公以秦国政府的名义，通过外交渠道向鲁国提亲，想给自己孙子，也就是以后的秦宁公，娶个鲁国媳妇回来。听说鲁国是礼仪之邦，其女多贤淑，相当于现在的农民工娶个女大学生，倍有面子，结果还是让鲁国忽悠了：公主暂时缺货，庶女可以。

秦国还是大鸣大放娶回来了,因为不是正牌公主,所以当作第一夫人肯定不行,当妾可以,史称鲁姬子。

休闲娱乐,秦国与其他诸侯更是不在一个圈子。

春秋初期,其他诸侯休闲打猎,都能登上头版(《春秋》经文),即使秦人流血打仗,史官也懒得去报道。

原因诸多。

其一,春秋时期的史官,对日后秦国统一六国,代替周天子始料未及,所以轻视秦国,轻描淡写。司马迁当然知道这个历史结局,所以在《史记》为后人补上了这一课,就这一点,历史应该感谢司马迁。

其二,秦人虽然位列诸侯,但资历太浅,平王西迁时秦人才封地建国,在其他诸侯眼里就是低人一等。

其三,圈外人士,又不懂礼乐,说白了,就是教养少了。

所以,春秋初期秦国在史书中连配角都算不上,就是一个路人甲。

2. 挺进关中

秦襄公是秦国第一位国级干部，在位十二年，干得最牛的事，就是跟随郑、卫、晋三位大哥抗戎勤王，协助平王西迁，最后成为最大的受益者，位列诸侯，并获得岐、丰之地的继承权。

公元前766年秦襄公死了，儿子秦文公上位，可惜史书没有记录下秦文公的名字。古代谥号中，"文"字名列榜首，经天纬地曰"文"，从谥号中可以看出，秦人对这位老大相当爱戴，因为秦国开张初期的短板都是秦文公补的。

摆在秦人面前的有两大短板：一是国民素质赶不上国际潮流；二是国在山河破，地盘虽然大，但是有一半被犬戎久占为产。

秦人自古以来最大的特点就是血性爆棚，于是秦文公带领着一帮乡亲开始挺进关中。

其实这时候，秦人的一只脚已经羞羞答答地踏进关中，秦襄公时期，国都已经搬到汧邑，今天的陕西关中西部千阳县，千阳县因千河流经而得名，千河古称汧河。

秦文公子承父志，继续东进。秦文公四年，把国都从汧邑沿着千河顺流而下，迁到东南百里之外的千河、渭河交汇处，史称汧渭之会。

汧渭之会，一般认为在宝鸡市凤翔区的长青镇附近。汧渭之会最大的优势就是水草丰茂、交通便利。从现在的陕西宝鸡市千渭之会湿地公园，可以想象得出三千年前此地水漫草长的场景，这对于游牧起家的秦人来说，吸引力足够强大。汧渭之会其实离汧邑不过百里之遥，与汧邑相比，最大的不同就是挨着渭河，渭河自西向东，是关中平原的母亲河，也是东周王朝的母亲河，挨着渭河就等于挨着从关中西部直达关中东部的高速公路。

从对渭河流域考古出土的古船遗迹推断，三千年前的渭河水量不亚于今天的黄河水量，足以行船运输，漂流而下省时省力。所以古代岐、丰之间渭河的运输作用，不亚于今天的西宝高速公路。

说到这里，顺便介绍一下关中。

在成都平原被称为天府之国以前，天府之国指的就是关中平原。其因居于四大关隘之中而得名，东有函谷关，南有武关，西有大散关，北有萧关。西周时期，关中平原受益于渭河之水滋养，经擅长稼穑的周人耕种，沃野良田，富甲一方。关中就是西周东迁后留给秦国的蛋糕。

汧渭之会是秦人大举挺进关中平原的跳板，当然迁都是大事，不可能不请示上天神灵。所以秦文公沿袭旧制，以占卜的方式请示了神灵，结果显示，神灵同意，上天支持，于是秦人才开始饮马渭河，虎视关中。

秦文公安家汧渭的第九年，也就是公元前753年，周平王十八年，他干了一件决定以后秦国命运的旷世之举：设立史官，兴办教育，发展文化。总而言之，提高国民素质。

《史记》载："秦文公十三年，初有史以纪事，民多化者。"

就像穷人家的孩子，因为穷怕了，家长总是教育：孩子，要好好读书，读书改变命运。

《春秋》记史自公元前722年始，秦国设立史官于公元前754年，提前了31年。

史官，在周王朝被称为太史，六卿五官之下，在诸侯国被称为史官。可以这么理解，古代哪个家族兴旺发达了，为了弘扬光大，就要修家谱，建祠堂，搞家训，这是家业传承的一种象征。如果一个国家强盛了，也要设立史官，传承本国历史，以便对国民进行爱国主义教育。

自强在于强心，所以秦人的自强之路始于秦文公。

常言说得好，流氓不可怕，可怕的是流氓开始学文化。秦人向来好打好杀、生性残暴，这是作为一个优秀流氓的先天条件，但要出类拔萃，就要读兵法、学文化。

秦文公的这一举措，影响后世五百年，国民教育让秦人从一支流寇游击队逐渐成长为一支正规军，最终称霸诸侯，统一中国。

秦人和周人同是关中大地上崛起的两个民族，但是这两个民族的性格气质完全相反，秦人尚武好斗，简礼易俗，追求实用，有牺牲小我、成就大我的集体主义精神；周人讲究以德服人，以礼治国，恤命惜战。

因为这两个民族的起源不同，秦人起源于游牧民族，和马、牛、羊一起成长，说白了，相当于自然界的肉食动物，生性自然残暴。周人起源于农耕民族，擅长种地，农耕始祖后稷就是周人的祖先，相当于自然界的草食动物，性格温顺。

曾经有一个典故，《史记》载：

> 西伯阴行善，诸侯皆来决平。于是虞、芮之人有狱不能决，乃如周。入界，耕者皆让畔，民俗皆让长。虞、芮之人未见西伯，皆惭，相谓曰："吾所争，周人所耻，何往为，只取辱耳。"遂还，俱让而去。诸侯闻之，曰"西伯盖受命之君"。

如果虞、芮之人找的诉讼调解人是秦人而不是周人，秦人最起码是拿个棒槌进行调解。

周人以德服人，秦人以武服人。

秦自建国以来，打打杀杀，从不间断。秦国虽然地处西部，远离个个列强，不挨天、不挨地，并非四战之国，但是却与犬戎在一起杂居错落，好比一头雄狮，在它的领地里不单单有羚羊和野牛，还有一群群的鬣狗，虽然你站在食物链的顶端，但你的每一顿大餐都必须抢。

对于秦人的抢，史学家用了四个字：扩地集民。

在古代，衡量一个国家的强大要看两个指标：土地和人口。平王西迁之后，关中地区留下了大量的西周原住民，这些原住民都经过几百年周礼教化熏陶，算得上是模范公民，又继承了周人始祖后稷的基因，个个精于农耕。

只要赶走犬戎，关中就是秦地，周人就变成了秦人，山就叫秦岭。历史证明，以后果然如此，秦人同化了周人。当狼和狗在一起生活，狗只会越来越凶残，但狼不会越来越温驯，动物如此，人亦如此。

秦文公十六年，即公元前750年，开始沿着渭河东下，继续向关中腹部挺进，一方面驱赶犬戎，扩大地盘，另一方面收拢西周原住民。

史书对秦文公此次挺进中原的战果报道模糊，窃以为：肯定不咋样。

首先，《史记》后期对秦国和犬戎干架的报道还是相当密

秦国向西抵御西戎，向东挺进中原

集，但对于这次战果只用了六字总结："戎败走，地至岐。"

从现在的地图上判断，从汧渭之会到宝鸡核心区，也就几十里地的距离，即使到达宝鸡以东的岐山县，也就百里之遥。要知道，《史记》记录秦文公曾经打猎，带领七百人一次东奔就直达百里之遥的渭水河畔，打猎那可是娱乐活动，这次东征可是军事行动，打仗技能不及打猎技能，战果不如猎果。这好比老王在卡拉OK唱歌，电脑评价满分，一登台表演，啥都不是，谁敢恭维老王是个好歌手？

史书上也没有记载在岐之地曾经有过大股犬戎称王称霸，有的也就是小股犬戎游击队，秦文公搞了多年，也就消灭了几路山林土匪，所以战果实在不咋地。

其次，秦文公接着干了一件不可思议的事：岐以东献之周。

岐东之地，指的就是现在宝鸡以东的关中核心地区，这可是好几代秦人抛头颅、洒热血换来的周平王的封赏，是秦国梦寐以求的新家园，以秦人的贪婪，就这么轻而易举地送给周平王了，这不是败家子吗？

难道秦文公想加官晋爵，要拍周平王的马屁？好像也不是，想当年周成王时期，有一个唐献嘉禾的典故，晋国开国君主唐虞给周成王进献了一株"异亩同颖"的谷穗，周成王立马发文嘉奖，名曰《嘉禾》和《归禾》；秦文公给周天子进献的岐东之地，可比一株谷穗贵重千万倍，也没听说周平王为此嘉奖过秦国，连一句表扬话都没说过。

因为秦文公纯粹是在忽悠。此时的岐东之地不由秦国控制，周平王此时也没能力收回岐东之地。所以这次献礼，对大家没有产生任何约束，以后该咋搞，就咋搞。

秦文公之所以忽悠周平王，是因为秦文公对占领岐东之地已经灰心，这叫己之不欲，就施于人。秦文公如果顺风顺水，怎么可能把岐东之地献给周。

最后，秦文公二十年，即公元前746年，他冒天下之大不韪，干了一件有悖于春秋大义、弃天背地，但又被后世传承，且无限放大的缺德事：诛灭三族。《史记》载："法初有三族之罪。"

居心何在？窃以为，秦文公受刺激了，还不小。

刺激何在？周人不服管。当时的西周遗民是天子良民，是先进文化、先进生产力、先进生产资料的代表，如果按照阶级划分，周人就是工人阶级，在周人眼里，秦人就是流氓无产者。

说到这里，有必要插播一下周人简介。

周人的祖先和秦人的祖先一样，靠着打仗抗戎发家，很早就在部落林立中争得一席之地。同时周人农业发达，饱食知礼，在西周时期属于中产阶级。当这么一群自耕自种、衣食无忧、满嘴礼乐的周人，突然要被一群从马肚子底下钻出来的秦人统治，那绝对一百个不服。

秦文公受刺激了：就知道干犬戎很难，没想到治理周人更难。秦人向来以残暴著称，你不服，就杀到你服为止。

怎么杀，株连三族。

以后的秦人就是周人和秦人的杂交，能文能武。

3. 窝里斗

秦文公特别能活，在位五十年，和周平王基本相当，这两位大佬健康长寿，活着活着，把自己的亲儿子活死了。

秦文公四十八年，即公元前718年，太子去世，谥号靖公，柔德安众曰"靖"，对于啥都没干的人，这个谥号吉祥如意，最为适合。公元前715年，秦文公死了，秦靖公的长子，也就是秦文公的长孙上位，是为秦宁公（另说秦宪公），这时候，周平王于四年前就已经驾崩。

关于秦文公之孙的谥号，到底是秦宁公还是秦宪公？司马迁在《史记》中给出了一本糊涂账：

《史记·秦本纪》篇中记载："五十年，文公卒，葬西山。靖公子立，是为宁公。"《秦始皇本纪》篇中记载："文公立，居西垂宫。五十年死，葬西垂。生静公。静公不享国而死。生宪公。"

很显然这里的秦靖公和秦静公是同一个人，秦宁公和秦宪公是同一个人。"靖"和"静"字意相近，管他是秦靖公还是秦静公，反正差不多，历史上争议不大。但谥号"宁"和"宪"差别较大，"裕以安民曰宁，博闻多能曰宪"，谥号是对已故国君的盖棺定论，本着对死者负责的态度，需要还原历史，给秦文公之孙一个公道。

终于，现代考古给出了真相，1978年陕西宝鸡陈仓区虢镇太公庙的农民挖土，挖出了几件青铜秦公钟，挖出了历史真相，秦公钟铭文中给出秦文公之孙谥号为秦宪公。

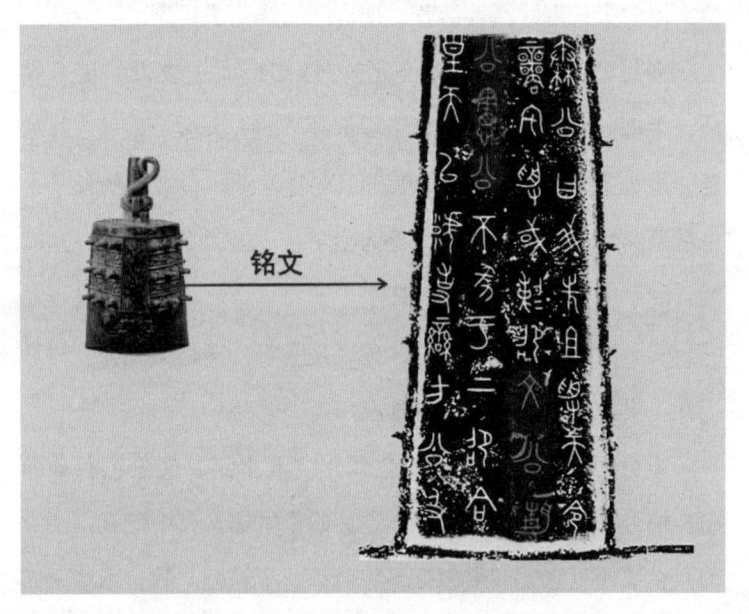

秦公钟及铭文上的"文公、静公、宪公"

秦公钟的出土地极有可能就是秦国第五次迁都所在地：平阳宫。

平阳，是秦宪公上台后的第二年，秦人从农村走向城市的第一站，之前秦国国都没有一个像样的名字，西陲、秦邑、汧邑、汧渭都是泛泛的地名，因为之前的秦国国都就没有一个像样的城，好比农民在自家自留地上盖上几间破房子，将就将就算了，基本上和楚国早期的筚路蓝缕差不多。

现在的秦国国力小有提升，秦人养马，周人种地，仓有余粮，于是改善一下住房条件，老百姓安居乐业，大公贵族安都乐国。经过五次迁都，秦人基本上融入关中，过渡到农耕社会，而且这次为国都起了一个高端大气上档次的名字：平阳，历经三千年依然响亮。

名字真的很重要，中国人不得不信，秦人从此平步青云，向阳向上。

迁都平阳时，秦宪公十一岁，即使再怎么像他的谥号所形容的博闻多能，十一岁的小孩也不可能博闻多能到决策迁都、骑马打仗。

他靠的是身后的高人：大庶长弗忌、威垒、三父。

司马迁的这个记录很让人费解，后世说法众多，所以有必要讨论一下。大庶长就是秦国的大将军，弗忌、威垒肯定是人名，三父到底是个人名还是一个三人组合？古代的确有三父八母一说，三父指的是生父、继父、岳父，秦宪公以及三个儿子秦出子、秦武公、秦德公，基本上和继父沾不上边，所以这里的三父肯定是个人名，而不是三人组合。

所以司马迁所说的大庶长弗忌、威垒、三父就是一个三人组合。

接下来，秦宪公时代，秦国高歌东进，灭掉亳国。亳国是犬戎，但声称自己继承的是商汤衣钵，号称汤社。西周王朝根本不承认，因为殷商祭祀早就已经由宋国的宋微子传承，所以秦国灭亳，相当于给周天子和宋国清理门户。

亳国的地理位置很重要，扼守着关中西部通向关中东部的咽喉，灭掉亳国，关中通道剩下的就是犬戎的散兵游勇，出入畅通无阻。

秦灭亳国，耗时九年，几乎伴随着秦宪公的青少年直到死去，秦宪公十岁继位，二十二岁去世，秦宪公三年伐亳，十二年灭亳，所以秦灭亳国，几乎耗尽了秦宪公的一生。

十二岁的小毛孩开始领兵伐亳，有点不可思议，而且古人计算年龄岁数，不同于今天算天数，古人是过了农历大年就算过了一岁。假如说，你是大年三十出生，到了大年初一，虽然你才出生两天，但你已经两岁了。所以秦宪公当时可能更小，这个年龄正好骑马打仗过家家，要是领兵杀人，有点糊弄鬼。

还是身后有高人：大庶长弗忌、威垒、三父。

秦宪公英年早逝，这个三人组合却功高盖主、位长权高。按照古代政治权谋的游戏规则，功高盖主者，主子已经无可赏赐，只能赐死，没死就是祸害了。

果然，老板一死，这三人组合自己当起了老板。秦宪公生子三人：太子秦武公、秦武公的同母弟弟秦德公，还有妃子鲁姬子所生的秦出子。宪公死后，理应太子即位，但这三人组合来了个偷梁换柱，把一个五岁的秦出子推上了国君大位，两千五百多年后的光绪皇帝，也就是这个年龄段被抱上皇帝的宝座，可想而知，秦国的事谁说了算。

六年后，秦出子懵懵懂懂长成了一个少年，估计初生牛犊不怕虎，也想初次尝试做老板的感觉，开始不听话了。三人组合之一的三父感觉到了威胁，就以弑君的方式送走了十一岁的秦出子，然后又把原来的太子秦武公拉上了国君的大位。

如果秦宪公在世，当年二十八岁，所以秦武公此时的年龄应该不会超过十六岁，羽翼未丰，只能选择隐忍，装乖扮巧，即位后几乎没在平阳多待，马上领兵东征，继续伐戎。

秦武公东征三年，感觉像是离家出走，磨炼成长，也的确如此，此时家是狼窝，要想活下去，只能走出去。

秦武公这次东征的路线图有点让人困惑。按照常理，秦武公应该自西向东，沿着渭河，由近及远，逐次推进，但是秦武公绕过西安附近的丰国，径直跑到关中东北，欺负一个并不强大的戎族部落，司马迁称之为彭戏氏，现在陕西白水县东北四十里的彭衙村。然后他又挥师南下，打到华山脚下。

陕西白水县，位于铜川市的东边，是关中平原向黄土高原的过渡地域，也是著名的秦晋河西之地（洛水之东、黄河以西）的起点。秦人对这一片土地的争夺实际上发生在二百多年之后，秦晋之间为此发生了五次河西之战。目前的秦人蜷缩在关中西部，关中中部地区还未占领，秦武公却突然攻打关中东北角落的白水县的彭戏氏，然后又跑到关中东部的华山脚下宣示主权。

秦武公这是吃饱了撑的，还是在坚持敌后游击战？

实际上，秦武公是为了打仗而打仗，一方面出国避难，另一方面发展壮大，这时候打仗一定要挑软柿子捏，不然会伤到自己。

三年后，秦武公羽翼丰满，大军在手，班师回朝，现在的秦武公已经不是当年的傀儡了，而是真正的秦国一哥，直接以国君之命拿下三父。理由很简单，弑君犯上，为秦出子报仇，三父被诛灭三族：父族、母族、子族全跟着遭殃，这是中国历史上第一次诛灭三族。

这一年是公元前695年，郑国高渠弥射杀了郑昭公，但血腥指数远远低于关中西部的秦国，所以秦国被视作圈外异类，并不过分。

4. 华夏第一县

《史记》载："十年，伐邽（Guī）、冀戎，初县之。十一年，初县杜、郑。"

中国历史上谥号为"武"的君主有二十几位，几乎个个能征善战，秦武公无疑是个打仗能手，而且东西两线，同时开战。秦武公十年，即公元前688年，向西到达今天的甘肃天水，灭掉两支犬戎部落，邽戎和冀戎，设立邽县和冀县；秦武公十一年，向东杀到今天的陕西渭南，设立杜县和郑县。

这是史书记载中国历史上第一次设立县制。

当然秦武公时代设立的县，管理体制上完全不同于以后的郡县，只是起了个名。现代学者认为县的演变发展，经历了"县鄙之县，县邑之县，郡县之县"三个历史阶段，此时的邽县、冀县、郑县、杜县属于县鄙之县。

鄙，郊区也，县鄙之县，比郊区更郊区，于是被秦武公起了个名，叫作县。"县"古意同"悬"，所以此时的县相当于飞地的专用名词，别无他意。

邽县，历史上也称之为上邽县，历经几千年沧海桑田，已经演变成为现在的甘肃天水市。之所以称之为上邽县，也是因为秦武公在关中东部，今天的陕西渭南市渭河北岸，设置又一邽县，按照次序，前者称之为上邽县，后者称之为下邽县。

冀县，今天的天水市西北的甘谷县，因为从古至今保留县制，所以甘谷县自称华夏第一县。

杜县，今天的西安市雁塔区曲江。

郑县，今天的陕西渭南市华州区，以前的华县，因为郑国最早在此封国，几经流落，归属秦国之后，已经风华不存。作为秦国的县鄙之地，秦武公还是保留郑国字号，命名郑县，如果春秋三小霸之首的郑庄公在世，将情何以堪。

设立县制，影响深远，沿袭至今，是秦武公最大的历史贡献。

秦武公十一年，他干了一件露脸的事，竟然灭了一个公爵诸侯国：虢国。准确地说，秦武公灭掉的是虢国的老家，司马迁称之为小虢。虢国在历史上有东西南北之分，西虢国原籍在今天陕西宝鸡市陈仓区的虢镇附近，几乎挨着秦国国都平阳，西周时期，举国迁至今天的河南三门峡附近，史称南虢国。还有没迁走的，就地留守，打着虢国旗号，成立自治政府，因为国力不堪，所以称为小虢，依偎在秦国旁边，基本上就是秦国砧板上的一条鱼。

虢国的一号首长虢公忌父现在可是东周王朝的二号首长，当朝卿士，小虢怎么说也是虢公忌父的老亲戚。秦武公毫不手软,照灭不误。如果这件事放在东周初年,虢公忌父随便吹个风,估计秦武公就可能被周天子办个水煮活鱼,可惜时过境迁,现在的周天子已经不是站在食物链顶端的周天子了。

此时的秦国,就是关中平原上的一头雄狮,杀戮成性,沿着渭河,从西到东,想吃山羊吃山羊,想吃绵羊吃绵羊,最后连自己的同类也不放过。秦武公在位二十年,死后以活人殉葬,殉葬者六十六人。

秦武公的儿子嬴姓赵氏,名曰白,也可以称作公子白,这位公子白与齐桓公不但同名,而且几乎同一个时代,只是秦国公子白没有继位,秦武公将大位传给了自己的亲弟弟,史称秦德公。秦德公上位伊始,就将秦国国都继续向东推进,迁至雍城,即今天的宝鸡凤翔县,公子白留守平阳。

这是秦国第五次迁都,秦国从此定都雍城二百九十四年,历经十九位国君。

几乎在同时,东边的齐桓公举行了幽地会盟,再一次确认了齐国作为春秋第一霸主的地位。秦国东北的晋国结束内讧,曲沃伐翼,曲沃武公已经转正成为晋武公,晋国开始走向中兴,历史生态从小鱼吃虾米的春秋初期逐步过渡到大鱼吃小鱼的春秋中期。

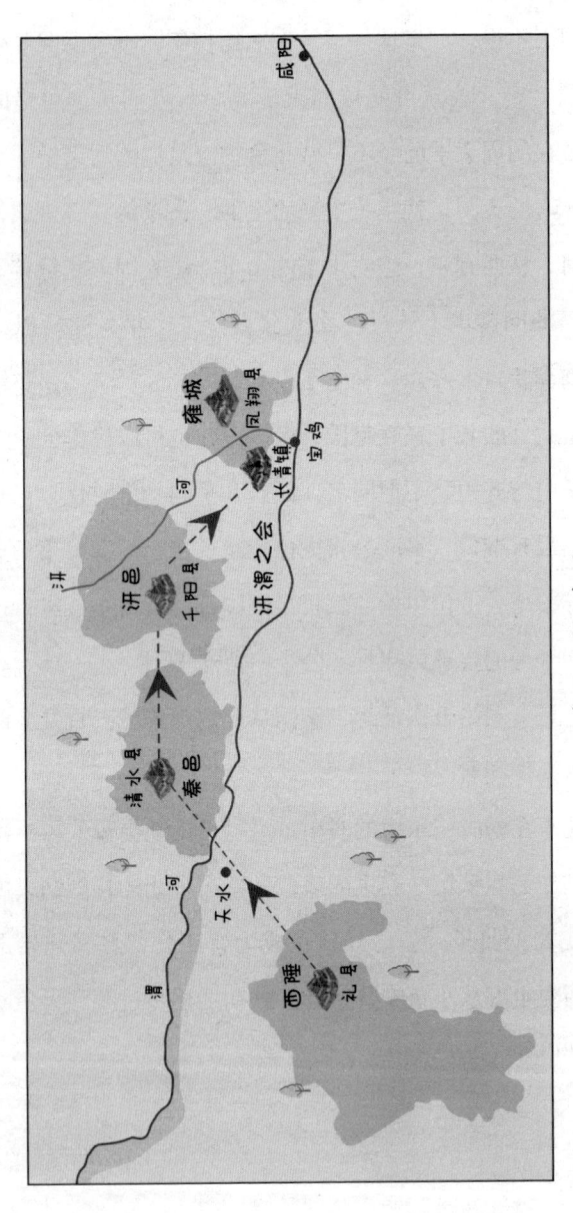

秦国五次迁都图

作者自述

韩佐昌，毕业于北京工商大学，长期供职国企。

四十年来追逐改革开放大潮，从商竞市，拜官拜金，虽未欺行霸市，但也蝇营狗苟，过河湿鞋。回首往事，唏嘘不已，忏悔之余，偷读历史，嚼舌春秋，借以慰藉心灵，寻根问祖，也想洗心不革面，认祖不归宗。

春秋是中华民族的青春期，华夏文明的哺育期，是懵懂与躁动的碰撞，羞涩和轻狂的挑逗，是王礼儒法的牛刀小试，三教九流的蠢蠢欲动，中国历史从未如此多姿多彩，因此，对于这段历史的追述，不应局限于古籍古语的生硬晦涩，理应还原它应有的青春浪动、妖冶浮华，以祭青春的态度，展现先祖人文之初，天真看世界，自私叹人寰。

大人们，小孩们，在此装弄门庭之际，小声提示：此书的写法并非正规正矩，但绝不是戏说卖萌，既不知以何脸面向大家，又恐贻笑大方，纠结许久，姑以《春秋可以这么读》作为书名，不求认同，但求好看。